用鲜活小故事诠释中国经济大主题

新华社经济随笔

第一辑

XINHUA ECONOMIC OBSERVATIONS

新华通讯社 编著

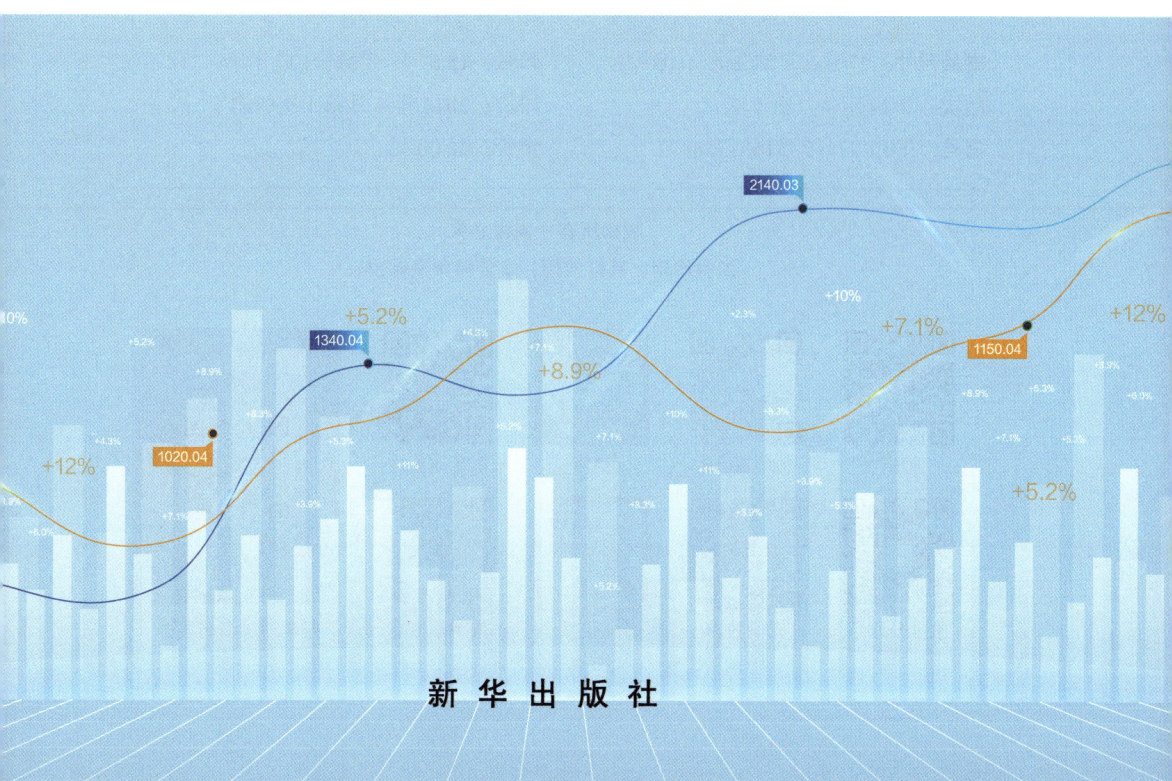

新华出版社

图书在版编目（CIP）数据

新华社经济随笔 . 第一辑 / 新华通讯社编著 .
-- 北京：新华出版社，2024.4
ISBN 978-7-5166-7388-1

Ⅰ．①新… Ⅱ．①新… Ⅲ．①中国经济—文集 Ⅳ．① F12-53

中国国家版本馆 CIP 数据核字（2024）第 083062 号

新华社经济随笔·第一辑

编著：新华通讯社
出版发行：新华出版社有限责任公司
　　　　　（北京市石景山区京原路 8 号　邮编：100040）
印刷：三河市君旺印务有限公司

成品尺寸：170mm×240mm　1/16	印张：15.5　字数：130 千字
版次：2024 年 4 月第 1 版	印次：2024 年 4 月第 1 次印刷
书号：ISBN 978-7-5166-7388-1	定价：48.00 元

版权所有·侵权必究
如有印刷、装订问题，本公司负责调换。

微店

视频号小店

抖店

京东旗舰店

扫码添加专属客服

微信公众号

喜马拉雅

小红书

淘宝旗舰店

出版说明

面对国内外复杂多变的经济形势,中央媒体如何唱响主旋律、打好主动仗?

在新华社傅华社长点题指导下,自 2024 年 2 月上旬起,新华社国内部开设"新华社经济随笔"专栏。正如傅华社长指出,加强经济宣传和舆论引导,要注重话语创新,从实践中挖掘鲜活素材,用好数据、样本,讲透底层逻辑,以冷静客观的笔触讲好中国经济的真实状态。

"新华社经济随笔"通过短小简练、灵动鲜活的文章,将记者一线调研的所见所闻、所思所感传递给读者,在娓娓道来中讲清楚中国经济的时与势,阐明高质量发展这一新时代的硬道理,以新提质、向"新"而行。

截至 3 月底,"新华社经济随笔"专栏已播发稿件 25 篇,媒体平均采用量 170 多家,最高采用达 330 家,被今日头条、腾讯等各头部平台置顶展示,新华社客户端总浏览量超过 3000 万,得到国家部委、研究机构、企业等各方人士和广大网友好评，取得广泛而良好的传播效果。

从企业车间、田间地头，到国际营商环境、跨境贸易，"新华社经济随笔"专栏紧扣经济热点，推出《经济的韧性在时间里》《拆开中小企业的数字化"锦囊"》《在"市面"中见世面？》等一系列稿件，以小切口、低落点反映大主题、高立意，用平实风格、独家视角充分抓取中国经济发展的"关键词"，从不同角度将中国经济一路危中求变、难中破局的力量娓娓道来。

在选题方面，"新华社经济随笔"以独家视角发现独特风景，以平视视角引发读者共鸣。从《一口"高原锅"带来的欣喜》中的"一口锅"，《在车间里触摸新质生产力脉动》中的"一个车间"，《800米的经济文化巨变》中的"一条街"等独特小切口，反映增进民生福祉、发展新质生产力、实施城市更新行动等宏大主题。在关注成绩的同时，也共情个体的成败得失、酸甜苦辣等软感受，视角平和，不高冷。

在表达方面，"新华社经济随笔"以新文风深入浅出讲述中国经济发展故事。专栏旨在突破记者新闻报道的常规思维、路径依赖，要求在表达上多用贴近实际、贴近生活、贴近群众的通俗化语言；文风上力求短实新，用千字篇幅言简意赅、直截了当，既接"天气"，又接"地气"。专栏系列报道中，"优化营商环境是一项'永不竣工'的工程""既要做时间的对手，争分夺秒先发制人；也要做时间的朋友，保持耐力久久为功""城市更新不仅是物质空间提升，更要推动城市生活的复兴，面向城市的未来"等表述，既生动形象，又富有思辨性，展现了清新文风背后的深刻思考。

为进一步扩大这些精品报道的传播力、影响力，在更广泛的读者层面唱响中国经济光明论。我们策划出版了同名图书《新华社经济随笔》，未来将及时跟进出版形成系列图书，并将该系列图书作为"新华财经"系列融媒体图书的重要产品。此次出版的第一辑以"新华社经济随笔"专栏开栏以来至3月底的25篇稿件为主要内容，并收录2024年第一季度"两会中国经济九问九答"和"经济热点问答"两个专题内容。

本书导向正确，内容权威，图文并茂，通俗易懂。有助于广大干部群众更好把握中国经济运行的大逻辑，增强对中国经济行稳致远的信心和苦干实干的斗志。

目录

· CONTENTS ·

新华社经济随笔

经济的韧性在时间里	002
拆开中小企业的数字化"锦囊"	005
在"市面"中见世面	008
从"一机难求"说开去	011
"新三样"逆袭的启示	014
共赴中国经济更好"风景"	017
城在更新,乡在振兴	020
从新能源汽车畅销欧洲说起	023
800米的经济文化巨变	026
中国春节,为世界经济注入暖意	029
透过"人气"看旅游	033
义乌老板娘的新本领	036
中国车市"开门红",汽车产业能否驶上快车道?	039
从多个维度感受外贸暖意	045
在车间里触摸新质生产力脉动	048
一口"高原锅"带来的欣喜	051

001

在东北经济新变化中见潜力 ……………………………… 055

优化营商环境是一项"永不竣工"的工程 ……………… 058

陕北小米的新味道 ………………………………………… 061

全国用水"账单"的变与不变 …………………………… 064

西部山城成为"毛绒玩具新都"的启示 ………………… 067

跨国公司高管们的中国之行意味着什么 ………………… 070

从"油改电"看新能源市场"新蓝海" ………………… 073

敏感、敏锐、敏捷……在博鳌亚洲论坛上感受企业家精神 … 076

空中快线连系"山海情" ………………………………… 080

专题一 两会中国经济九问九答

中国经济增长潜力几何？
　　——两会中国经济问答之一 ……………………… 086

如何看待中国物价运行态势？
　　——两会中国经济问答之二 ……………………… 092

中国如何防范化解地方债务风险？
　　——两会中国经济问答之三 ……………………… 098

应对现实挑战，中国制造如何保持竞争力？
　　——两会中国经济问答之四 ……………………… 104

如何增强民营企业"获得感"？
　　——两会中国经济问答之五 ……………………… 111

促进青年就业，怎样打开新空间？
　　——两会中国经济问答之六 ……………………… 118

如何看待中国外贸发展形势？

　　——两会中国经济问答之七 *126*

如何看待当前中国引资态势和未来前景？

　　——两会中国经济问答之八 *134*

设备更新和消费品换新将如何撬动内需大市场？

　　——两会中国经济问答之九 *141*

专题二　经济热点问答

西方经济学模型为什么不灵 *150*
中国出境游回暖　但欧美目的地为何遇冷？ *154*
中国市场为啥让人"离不开""舍不得"？ *158*
对中国经济"唱衰论"如何被反复证伪 *168*
德国企业为啥不信"去风险"说教 *177*
WTO服务贸易国内规制生效意义几何 *183*
中国科技创新力何以闪耀世界 *191*
什么是中国经济的真实叙事

　　——访英国伦敦经济与商业政策署前署长罗思义 *196*

黄金与比特币价格大幅波动为哪般？ *203*
西方将"新三样"贴上产能过剩标签目的何在 *210*
日本结束负利率政策对经济有何影响 *218*
德国企业为何如此青睐中国市场 *223*
西方炒作"中国产能过剩"，用心何在 *232*

　　读懂中国经济，不仅需要分析一组组数据构成的账面，也要在企业车间、街巷商铺、田间地头观察人面、市面、基本面，讲述每时每刻都在发生的经济故事，感悟发展的温度和脉动。

　　新华社国内部于2024年2月开设"新华社经济随笔"专栏，通过短小精悍、生动鲜活的文章，将新华社记者采访调研的所见所闻、所感所思传递给读者，在娓娓道来中讲清中国经济高质量发展的硬道理。

新华社
经济随笔

经济的韧性在时间里

在科学家眼中，时间可能是人类对物质运动的主观感受。但对个体来说，时间是最公平的等价物，是创造价值的大前提。

一年之计在于春。还没仔细盘点去年收获，很多先行者已经再次出发。制定计划、集中开工、抢拼开局……开年第一个月，记者采访多地"新年第一会"，走访工地、港口、铁路，处处忙碌景象，虽是数九寒冬，但发展热力涌动。"人勤春早""早起的鸟儿有虫吃"……基层的发展紧迫感、使命感溢于言表。

抢时间并不是政府"独角戏"，而是政企"协奏曲"。一开年，山东、浙江、江苏、广东等多地政企组团出海，赴欧美、日韩等地招商，收获不少新订单、合作一批新项目。一位知名民企负责人说："当前经济形势复杂，企业发展犹如逆风骑车，政府雷厉风行抓开局，和企业同向同行，给我们增添了信心。"

商机瞬息万变，时间关乎生存。以中国新能源车为例，

2023年产销量同比增长均超过35%，相关企业新注册量超30万家，同时注吊销量达5万余家，更新速度令人咋舌，一些造车新势力刚冒头就被"拍倒在沙滩"。

发展产生的很多问题，只有在发展中才能解决。以经济学上的"自行车理论"为例，自行车只要保持一定速度，就能担负数倍于自身的重量，一旦停止就会倒下。

竞争要靠长板，时间累积优势。记者曾实地走访数十家专精特新"小巨人"，这些企业大都长期瞄准一个山头冲锋，最终打磨出"独门绝技"，在细分市场赢得话语权。比如，一家新材料企业历经20多年持续研发，攻克混凝土收缩开裂这

2024年2月6日，位于佛山的广东千古情景区人头攒动。（新华社记者邓华摄）

一世界性难题，新产品应用于港珠澳大桥等重点工程；一家外贸企业从代工到自研，再到原创，30年逆袭为全球电动工具及户外动力设备龙头……

运动学家说，短跑靠爆发力，长跑主拼耐力，很多时候需要两者兼备。拼经济也是如此。抢风口拼速度，练内功比耐力，渡难关靠团结，塑造长期优势比拼科技、人才……企业如此，政府亦然。

只论速度不讲科学，不仅容易突破安全底线，培育新产业也难免陷入"潮起一哄而上、潮落一哄而散"的负向循环；只论科学不讲速度，则可能错失良机，被市场逆淘汰。

滴水穿石，不是因其力量，而是因其坚韧不拔、锲而不舍。面对困难挑战，我们既要做时间的对手，争分夺秒先发制人；也要做时间的朋友，保持耐力久久为功。这既是时间的辩证法，也是实践的辩证法。

（新华社南京2024年2月4日电　新华社记者凌军辉）

拆开中小企业的数字化"锦囊"

数量庞大、充满活力,中小企业好似中国经济发展的"毛细血管",是实体经济发展的重要力量。

中小企业也是一面镜子,折射着经济发展的最新动向。近几年,疫情叠加资源和人力成本增长等因素,家底比较"薄"的中小企业,发展面临多重压力。

如今,数字化浪潮正劲,5G、AI、云、大数据等技术的快速发展,正在推动生产方式、工业设计、经营管理等发生巨变。数字技术和中小企业相遇,将产生怎样的化学反应?

窗明几净,几十台机床整齐排列,生产线井然有序,一名工长正在电子屏上梳理数据。

这里是安徽黄山昊宇机电科技有限公司的工厂,公司开创4年遇"瓶颈":交货期、工作进度靠经验估摸着来;生产数据、工作排班、生产不良率皆靠人工登记,效率低易出错;工长每天"算人头"就要花近3小时……

想创新,要转型,不知如何迈这一步。

采访中,记者看到不少类似的中小企业,提质增效决心空前，但缺资金、缺技术、缺人才。缺乏新理念和新工具，生产效率提不上来，如何转型升级成为"新烦恼"。

转型路上，中小企业普遍存在三个"不"：因缺少人才和数据能力而"不会转"；因融资难而"不能转"；因预期不稳、缺乏信心而"不敢转"。

古时，有人遇事犯难，智者"锦囊"相送解忧愁。

现在，企业转型发愁，政府送数字化服务包分忧。

2023年，安徽省推出3亿元"大礼包"，每户企业可申领1万元消费券，聚焦企业管理、生产制造、设计协同等领域，在羚羊工业互联网平台上进行数字化转型升级。不到一年时间，3万余家企业使用了消费券，平台为企业提供服务次数超500万次。

借着数字东风，昊宇机电申领了万元消费券，并在平台上申请了"绿舟轻MES系统V1.0"数字化工厂软件。

电子工单替代纸质表格，制造工序数字化：谁做哪个订单、做了多少件，每日产量统计实时掌控。

短短几个月，数字化升级驱动生产效率提升和管理优化，昊宇机电工厂产能随之提升约10%。

近几年，数字化赋能生产、管理，让越来越多的中小企业尝到了甜头。

站在数字经济的风口，拆开中小企业数字化转型"锦囊"，其实是促进数字产业集群化发展和夯实实体经济的一盘大棋。

授人以鱼不如授人以渔。直面中小企业技术薄弱、资金和人才有限等短板，政策"服务包"与时俱进，构筑良好的产业数据生态，促进数据能力强的大企业建立大平台，中小企业充分利用平台上累积的庞大数据资源和网络新工具，实现数据资源和数字化能力的深度开发。

当前，我国多层次工业互联网平台体系已基本形成，中小企业数字化转型之路越发清晰。据统计，截至2023年9月，全国跨行业跨领域工业互联网平台达50家，服务企业数量超23.4万家。

2023年，我国中小企业发展指数稳步回升，彰显了中小企业迎难而上、自强不息的发展活力。从痛点、堵点对症下药，数字化"锦囊"正从概念走向实践深耕，持续激发中小企业高质量发展新潜能，为经济发展添砖加瓦。

选对了路径，破解了困境，发展的底气就更足了。

（新华社北京2024年2月5日电　新华社记者高亢、吴慧珺）

在"市面"中见世面

市,《说文解字注》释为"买卖所之也"。成千上万的百货大楼、农贸市场、超市、便利店,是人们交往买卖的场所,承载着亿万家庭的柴米油盐,几代人的温暖记忆。

市面,因而也成为观察经济活力的窗口。当下,中国经济回升向好仍然面临不少困难挑战。市场上,人气旺不旺,各类经营主体生意好不好,物流是否畅通,价格是高是低,都成为外界洞察中国经济运行态势的切入点。

飞速发展的网购电商,也改变着中国经济的"市面"。人们在"手指一点、货送到门"中享受新鲜便利。穿梭在街头巷尾的外卖小哥,已然成为城市中不可或缺的风景。中国连续11年成为全球最大网络零售市场,约47万亿元社零总额中超过四分之一来自网络交易的实物商品。崛起的平台经济成为市场经济中活跃的一支生力军。

当商场、超市不再是"购物"的必选项,传统意义上的"市"是在冲击中凋敝,还是在创新中迎来新生?

岁末年初,我们对市面进行调研,深入采访了全国多家商场、超市和购物中心。这些在生活中习以为常的地方，着实让我们见了世面。

120多岁的东安市场，重装改造后转型为全球潮牌买手店，挑战时尚的前沿；有500多年历史的汉正街，"二次创业"向卖设计、卖品牌、卖服务转型；盒马春节前热销的蝴蝶兰，来自内蒙古库布齐沙漠腹地的种植基地；咖啡店开在了乡村，在绿水青山中成为游客驻足的场所；而山姆、星巴克等跨国企业，也把注意力投向中国广阔县域和三四线城市……

日渐丰盛的餐桌，生动诠释着"用全球供应链做中国大市场"；支撑国货"潮品"崛起的，是迈上一个又一个新台阶的中国制造；当社区食堂开进商场、购物中心变身儿童乐园、艺术品从小众到大众，是商业模式向以人为中心转变，一个个垂直细分领域孕育着澎湃的市场蓝海。

如果不去深入了解，很难想象，今天的实体商业正在发生翻天覆地的变化。

市面之变，映照时代之变。

父辈经常讲，过去买东西凭票，百货商店如果上了一些高端货，总会引起"疯抢"，如今他们也成了网购、网约车的重要客群。

过去坐飞机出国游是见世面，现在冰天雪地中热力四射的"尔滨"，惹得外国网友自发开直播；过去用国外品牌手机才算时尚，现在国产手机一机难求；原来出国才能买到好东西，现在足不出户买全球；过去进口大片火爆市场，而今一年近550亿元的电影票房中，国产影片占比超80%……

改革开放以来，孕育了全球瞩目的中国大市场，探索出充满活力的社会主义市场经济体制。从物质短缺到丰裕，从买商品到买服务，从满足物质需求到更多满足精神文化需求，市面之变，折射中国经济从规模速度向质量效率的时代变迁。

当下，进一步推动经济回升向好还要克服一些困难和挑战。有效需求不足、部分行业产能过剩、社会预期偏弱、风险隐患较多，一些企业面临经营压力，一些群众就业、生活遇到困难，这些在市面中有所体现，也是当前各方政策着力关注的重点。

但在调研中，我们深切感受到中国市场蕴藏的无限潜力。从银发经济到悦己经济，从体验式消费到健康消费，每一处供应的短缺都孕育着市场的蓝海。我们也一次又一次被在市场中打拼的经营者感动。他们对市场的信心，对创新转型的坚持，对优秀传统文化的热爱，正是中国经济一路走来在危中求变、在难中破局的力量所在，也是我们在市面中所见到的世面。

（新华社北京2024年2月6日电　新华社记者安蓓、谢希瑶）

从"一机难求"说开去

走俏市场的国产手机,让人们看到了不一样的中国制造。

1月11日,荣耀发布全新旗舰智能手机Magic6系列,搭载AI大模型、配备自研卫星通信技术,在正式上市前就一度冲上热搜。华为公司去年下半年发布的手机Mate 60,更是出现了"一上线、秒抢空"的场景,即便在发售后的几个月内,依然是"一机难求"。

昔日国际品牌门庭若市,今天国货门店排起长龙,一些网友不禁感叹,"消费者对国产手机的信心回来了""国产手机做出了'争气机'"。

"一机难求"的背后,是国产品牌的厚积薄发,是整个行业求新求变的奋进。

造一部手机不难,但造出精品、造出爆款却十分不易。且不说长期以来,国外厂商引领了手机的外观设计、研发方向,牢牢占据主导地位。仅是近几年,面对全球市场低迷、供应链冲击,手机行业几经翻涌。如何生存、怎样逆袭,几乎是摆在每个企业面前的考题。

越是在遭受挫折、受制于人的时候，越要靠自己争气，一心一意谋创新、脚踏实地打磨硬实力。

攻关关键技术，加快本地配套，力求产业链自主可控；前瞻布局 AI 大模型等领域，努力实现"换道超车"；耐住性子把品质做好、把品牌打响……从折叠屏到影像手机，市场上每一件"走红"产品，都是整个供应链的千锤百炼、持续升级。也正是坚定不移走自主创新，在经历长时间的技术封锁和外部压力后，华为并未停滞不前，反而迎来新生。

有数据显示，过去一年，国内手机市场总体出货量同比增长 6.5%，行业逐步走出低谷，在国内市场份额排名前五的智能手机厂商中，国产品牌占据四席，渐渐拥有和国际巨头一较高下的能力。

产品要靠创新叫得响，市场要靠创新拓潜力。走进商超、门店，每一款卖得好的手机，都是瞄准用户体验、聚焦需求升级。"一机难求"的现象也告诉我们，要更加重视市场对创新的呼唤和渴求。

让生活变得更好，这是经济发展的目的，也是动力。电影《你好，李焕英》中就有这样一个情景：人们拿着票儿、挤着长队抢购电视机。从彼时的电视机到今天的高品质手机，人们对美好生活的需要始终是经济活动的主线，始终牵引着需求的升级，催促着市场的创新。

眼下，总需求不足是经济运行面临的一大矛盾。破解需求不足，还是要在市场中找答案。在竞争白热化的手机领域，可以出现"一机难求"现象，这恰恰说明不是没有需求，而是需求变了。用心倾听市场的声音，让创新及时跟上、供给与之适配，就会得到市场的回应。

当前，新一轮科技革命和产业变革深入发展，在捕捉新机遇、创造新空间上，我们在拼，别人也在拼。正如智能手机的同台竞技，只有不断开拓新赛道、加快培育新质生产力，用自身的高质量发展满足高品质生活的需要，才能构筑起更多"一机难求"的竞争优势。

在大市场里做好创新的大文章，这是"一机难求"给我们的启示。处在经济恢复和产业升级的关键期，主动拥抱高质量，坚持攀登突破、创新自强，中国经济更美的风景就在前方。

（新华社北京 2024 年 2 月 7 日电　新华社记者张辛欣）

"新三样"逆袭的启示

在当前经济面临不少困难的背景下，中国制造"新三样"——电动载人汽车、锂离子蓄电池和太阳能蓄电池，表现让人眼前一亮。

2023年"新三样"合计出口首次突破万亿元，比上年增长29.9%，高于整个出口增速29.3个百分点，更是推动中国稳居全球汽车制造和太阳能装机容量第一大国，令世人对"中国制造"刮目相看。

从起步就落后世界的"短板"，到如今引领世界潮流的"长板"，变化可谓天翻地覆。闯关破障取得的成果，方见真章。

首先，依靠科技创新把命运掌握在自己手上，量变积累到一定阶段就会出现质的飞跃，要有毅力有耐心。

中国汽车业一度想"以市场换技术"，却只能跟随发展，合资品牌同款车型往往成为全球价格高地。然而，经过十多年努力，靠抓住电动汽车、智能网联等"弯道超车"机会，国产电动汽车以技术创新迎来爆发式增长，变为全球性价比高地，中国乃至世界消费者获益。

看看这布局这场景：广州珠江畔，7500亩的广汽智联新能源汽车产业园内一片繁忙，以整车厂为核心，可实现10公里内电池、电控、底盘、车身等核心零部件配套供应。上海外高桥海通国际汽车码头，新年第一天，"久洋吉"号汽车滚装船载着3600辆国产新能源汽车出海，远赴墨西哥。

抚今追昔，不由得感慨万千。与之类似，当年欧美太阳能发电技术和应用都遥遥领先，如今中国太阳能电池全球专利申请量排名第一，成为全球产业主导者。

古诗云："长安何处在，只在马蹄下。"如果说，产业升级是"长安"，创新驱动就是"马蹄"。根据世界知识产权组织数据，中国创新指数已从2011年全球第29位上升为2023年第12位。势已起，大可为。持之以恒，创新驱动的效果将愈发显现。

其次，体制机制优势是我们培育新动能的独特法宝，要有远见有胆识。

推动自主创新，作为"有形的手"，政府发力引导非常关键。这正是中国特色社会主义市场经济制度的独特优势所在，是创造"中国奇迹"的源泉之一。战略性新兴产业发展初期往往弱不禁风，政府加大了引导、扶持力度，呵护新兴产业发展壮大。

诚然，在这个过程中我们经历了一些磨砺甚至挫折，有的企业折戟沉沙也在所难免，但最终效果不仅达到甚至超出预期。

经过多年培育，我国已经形成了包括新一代信息技术、生物技术、新能源、新材料、高端装备、新能源汽车、绿色环保等产业在内的战略性新兴产业。来自国家发展改革委的信息显示，战略性新兴产业增加值占GDP比重从"十三五"初期的8%左右，已经提高到"十四五"中期的超过13%，2025年有望超过17%。新动能持续发力。

最后，在困难中更要抓住机遇向前奔跑、向上突破，要坚定要行动。

要说难，在世界百年未有之大变局中，哪个国家不难？从高速增长向高质量发展迈进，有可能轻而易举么？回首中国经济发展历程，从来不是一帆风顺，我们在重重困难中抓住了一次次机遇，实现了一次次飞跃。

又踏层峰望眼开。尽管困难很多，但优势更在积累。2023年底召开的中央经济工作会议强调，我国发展面临的有利条件强于不利因素。有14亿多人口的大市场和精气神、有全球最完整的工业体系和全面深化改革扩大开放的有力支撑，只要找准方向、发挥优势、锲而不舍，发展的新局面就会不断得以开创。

（新华社北京2024年2月8日电　新华社记者刘铮）

共赴中国经济更好"风景"

点亮"中国红",贴上"中国福",舞动中国龙……

当举国上下热热闹闹欢庆农历龙年春节,世界各地也正以不同方式共贺"中国年"。人们期待,中国"春节经济"的东风将给世界送来新的发展机遇。

"放眼全球仍然是'风景这边独好'",习近平总书记在2024年春节团拜会上这样评价当前中国经济。

踏遍青山,历经崎岖,才能领略这边风景独好之珍贵。

当前,全球经济复苏乏力,通胀高企令一些国家物价飙升,单边主义、保护主义和地缘政治冲突上升,让跨境贸易投资变得更难,一些家庭甚至被战争或灾难撕碎,世界充斥着动荡和不安。

作为全球第二大经济体,过去一年,中国战胜多重困难挑战、顶住下行压力,经济总量超过126万亿元、增速达到5.2%,粮食总产再创新高,就业、物价总体平稳,虽经济增速有所放缓,但仍高于全球3%左右的预计增速,在世界主要经济体中名列前茅,是世界经济增长的最大引擎。中国经济大盘坚实有力，也是世界经济的重要"压舱石"。

"人在天上宫阙，心念祖国家人""人有鲲鹏志，国呈龙虎姿"……农历除夕，神舟十七号航天员乘组在中国空间站给大家拜年，从一个侧面折射出中国高质量发展和塑造新质生产力"进"的势头。

"风景这边独好"不只体现在宏观经济数据上，更展现在千行百业、万家灯火之中。

"今年订单已经回稳，我在非洲和同事们一起过年。"一位外贸企业负责人开年以来已经走访了美国、肯尼亚和埃塞俄比亚。虽值春节长假，许多企业已经争分夺秒出海跑展会、谈生意、交朋友。在他们身上，无不彰显着"韧"的力量。

这"风景"，是消费回暖，持续升温。看车站、机场熙熙攘攘，人享其行、物畅其流；看文旅市场红红火火，景区、电影院、博物馆人气十足；与越来越多国家迈入"免签时代"，入出境游客均大幅增长；电商平台、线下商超过年不打烊，"中国风"商品热销海外。

这"风景"，是产业向"新"，民生更"暖"。春节假期，大批建设者们依然在热火朝天地工作着，从交通基础设施到灾后恢复重建，一项项重大投资建设稳步推进，规模大、结构优、带动能力强，着力补短板惠民生。

这"风景"，是开放合作、互利共赢。中老铁路、中欧班列等一列列跨境列车化身"年货班列"，为节日餐桌送上"洋年货"。自贸"朋友圈"越来越大，造福民生、惠及各国的合作项目落地开花。各国人士的新春祝福纷至沓来，老朋友越来越铁，新朋友越走越亲。

一路走来，这"风景"里最动人的，是中国人凝心聚力、克难向前的身姿。

新年伊始，各地各部门加快高质量发展实招频出，一系列关系国计民生的重大部署扎实推进，即将召开的全国两会，将通过法定程序，把以习近平同志为核心的党中央的战略决策转化为国家意志、具体举措、务实行动……

甲辰龙年已至，以龙腾虎跃、鱼跃龙门的干劲闯劲，沿着中国人民追求美好幸福生活的光明之路、促进世界和平和发展的正义之路，新时代中国一定能开辟更加美好的"风景"！

（新华社北京 2024 年 2 月 10 日电　新华社记者谢希瑶、王悦阳）

城在更新，乡在振兴

"这可是贵阳市新晋的'网红'街区。"新年伊始，记者来到贵州省贵阳市南明区的百年老街——曹状元街。作为贵阳曾经的交通要道，老街在岁月长河中逐渐黯淡，一度出现基础设施老化、管理服务落后、街边小吃摊遍地等问题。

道路更整洁、环境更优美、业态更多元……贵阳市将老街改造优化后，曾经的"老破旧"转变为"家门口的好去处"。去年国庆期间一"开街"就实现销售额约968万元，如今日均游客达3万人次。

不只是贵阳，北京、上海、长沙、广州……记者走访多地发现，越来越多城市更新项目不断推进，着力打造宜居、韧性、智慧城市。

城市更新是稳投资、扩内需、增福祉的重要发力点，更是提升城市竞争力、实现高质量发展的途径。

原华东最大的果品市场、上海最大的海鲜市场集聚地，正焕新成为未来多家世界500强企业入驻的数字科创产业集聚区；20世纪六七十年代的纺织仓库"变身"为郎园

Station，成为北京新崛起的文化消费地标……

数据显示，去年前11个月，全国共实施各类城市更新项目约6.6万个，其中新开工改造城镇老旧小区5.3万个、惠及882万户居民，扩大了有效益的投资，激发了有潜能的消费，提高了百姓生活水平。

城市在更新的同时，乡村也在持续振兴。

过去十年，我国城镇化进程不断加快，但仍有5亿多中国人扎根乡村，保留着乡村记忆，守护着一方乡愁。在打赢脱贫攻坚战之后，乡村振兴全面推进。

贵州省思南县周寨村，从贫困村到"亿元村"，仅仅用了3年多时间。村里办起了工厂，把世世代代种植的红薯加工成"酸辣粉"，借助网络直播成功"出圈"，在电商平台月销百万单。

留住乡风乡韵乡愁，提高乡村基础设施完备度、公共服务便利度、人居环境舒适度……新年开局，各地持续稳步推进宜居宜业和美乡村建设。

自古以来，乡土就是中国社会重要的叙事体系。从乡村，到城镇，再到城乡融合，深刻的变化蕴含其中，承载着人们生产生活、爱恨别离，也折射出社会发展、时代变迁。

曾经，人们热衷到繁华的城市求学、工作、安家。如今，城市不再是唯一的热门"目的地"，广袤的田野孕育着新的希望，越来越多外出打工的村民回乡就业创业。

在广东省清远市佛冈县水头镇，农业科技园内，数字化物联网系统实时监测农作物生长；山坡上一片片光伏板，正将冬日的阳光变为村集体收入。"这些年村里环境好了、有了产业，回乡的、外来的人都多了。"水头镇村民陈石恒说。

经济总量多年居全国首位的广东，城乡区域发展不平衡是其面临的难题和挑战。近年来，广东下功夫破解城乡二元结构，加速推进"百县千镇万村高质量发展工程"，促进城乡融合发展，努力把短板变成"潜力板"。

没有脱离乡的城，也没有脱离城的乡。当城市更新起来、乡村振兴起来，有来有往、自由流动的，将不仅仅是人，更是资本、技术等各种要素，一齐迸发更多新动能、激活更多新潜力。

（新华社北京 2024 年 2 月 12 日电　新华社记者申铖、向定杰）

从新能源汽车畅销欧洲说起

去年,记者到领克新能源汽车位于浙江省宁波余姚市的超级工厂采访,工厂制造负责人一句话令人印象深刻:以前我们觉得开欧美进口车有"派头",现在我们出口的新能源汽车,主要市场就是欧洲。

畅销欧洲的新能源汽车不止领克,据全国乘用车市场信息联席会的数据显示,2023年,我国新能源汽车出口120.3万辆,同比增长77.6%。在出口的120.3万辆中,欧洲占比达38%,远超其他地区。

汽车被称为"现代工业皇冠上的明珠",从德国人发明汽车到美国人让汽车走入工薪阶层,从日本汽车产业崛起到如今中国新能源汽车成为汽车行业的并跑者甚至领跑者,正好对应着工业1.0到4.0的时代更迭。

这种更迭彰显出我国在新能源汽车赛道上的"换道超车"。我们在新能源汽车这个全新的赛道上,很多方面都做到了和欧美汽车产业并驾齐驱,甚至在智能驾驶、动力系统等方面已经有了优势。

2024年4月15日，采购商在参观广交会上展示的中国新能源汽车。（新华社记者刘大伟摄）

这种更迭也透露出中国制造的"硬核"实力。在领克余姚超级工厂，所有生产节奏都按照"秒"或"分"来计算：4秒钟，6000吨冲压机上下一次，冲出两套车身板材；63秒，4台柔性机器人带动高精度摄像头测量全车80个点位；526台机器人上下翻飞，5800多个焊点的点焊自动化率达到100%；60分钟，45辆领克从焊装车间下线。

工厂稳，中国经济的底盘就稳。经济学中有"车间革命"

的说法，认为历次工业革命都是开始于车间。车间、工厂，同时连接着需求、供给，设备、产品，就业、税收，其现代化水平、智能化程度就是中国经济的信心和底气。

一个故事令人难忘：当年吉利并购沃尔沃，中国"穷小子"迎娶欧洲"公主"，轰动海内外。"请你用3个词说明为什么吉利是合适的竞购企业"——在这桩并购案谈判的关键环节，有人抛出了这个不友好的问题。"I love you。"吉利创始人李书福急中生智，他并不熟练的英语竟赢得了满堂喝彩。

如今的领克，即是吉利和沃尔沃的合资品牌。自主创新、借助全球化浪潮"以时间换空间"……当世界经济形势持续低迷充满不确定性时候，领克、极氪、小鹏、理想、蔚来、问界，众多新能源汽车品牌繁荣发展，让人看到的是"创新"，更是"定力"，也彰显出"下一个'中国'，还是中国"的魅力。

（新华社杭州2024年2月15日电　新华社记者商意盈）

800 米的经济文化巨变

寸土寸金之地也要留白增绿。给历史以空间，给人文以时间。800 多米长的西单商业街像回廊，展出的是一场经济文化巨变。

商业界认为，800 米是商业街理想长度的上限。体验西单商业街，15 分钟可以看 100 年。

西单北头的老佛爷百货，北京"最美书店"钟书阁，刷手机也带着书香。拱洞层层套嵌，如梦似幻，以园林之美营造阅读空间；学习堂竹林区，玻璃天花板竹林倒映，可以感受"独坐幽篁里，弹琴复长啸"。

有人会待上一整天。来此打卡的人，不会冒昧地问网红书店可以"带动"多少消费。书香带动的是人气，是格调。

"重温西单记忆"把西单商场变成打卡点。这是一场"告别"。今年西单商场将停业改造，参与城市更新"减量"发展，完工后将设置"西单记忆 1930"街区，引入文娱体验业态。

照片墙上，是市民手写的明信片：在这里用自己第一笔收入给母亲买羊毛衫；入手第一件羽绒服、第一个变形金刚……

"改造当然影响生意，但更新需要时间……"西单商场面馆，端着肉丝豆角面的服务员都知道这个理儿。

这些年总有人在说西单"难以恢复昔日荣光"。为何非要"恢复昔日荣光"呢，难道因为明日荣光有些陌生吗？

记者在西单居住了27个年头，记忆如老照片，人车混杂、交通拥堵、空气污浊。商贩在货物间，居民在储物间……城市更新要医"大城市病"。

当年凌乱嘈杂的"西单动批"，变身日限流3000人的蒙藏学校旧址暨中华民族共同体体验馆。物与心、昔与今、闹与静，宛如人文经济的交响曲。

西单大悦城顶层的首都电影院2023年蝉联北京票房冠军，票房前十都是国产片。记者在此看的《奥本海默》《芭比》，但记者被触动最深的还是《年会不能停！》《封神第一部：朝歌风云》，那是我们的生活，我们的记忆。

我们正在找到自己生活的叙事方式，用自己的语言表达自己的泪与笑。

2023年底，西单大悦城联动妙应寺白塔、历代帝王庙等，将时尚潮流与优秀传统文化融合，一个月客流同比提升75.5%，销售提升44.2%。

西单不是不再潮，而是自己要为潮下定义。

商业与文化边界在消失，商业与自然边界在消失。

蒙藏学校旧址暨中华民族共同体体验馆，红色展览、非遗体验，700余件照片文物参观是免费的；钟书阁1100平方米空间休憩、5万多册图书阅读是免费的；西单更新场的城市森林是免费的……黄金地段，不是每寸都要"变现"。

当其无，有之用。拉动消费的，往往是非经济环境。这样的红，这样的绿，该用哪种数学公式计入GDP？

发展经济不能只关注经济目标，还要将非经济目标纳入经济考量范围内。我们需要的是信心，也是耐心。

城市更新不仅是物质空间提升，更要推动城市生活的复兴，面向城市的未来。

商场在更新，城市在更新，人在更新。

蒙藏学校项目改造，用了10年。

西单更新场改造，历时近7年。

对于大匠而言，不可或缺的是时间。一条世纪商业街如此，一座城市如此，一个国家不都是如此吗？

（新华社北京2024年2月18日电　新华社记者王立彬）

中国春节，为世界经济注入暖意

春节，是中国老百姓最隆重的节日，也是观察中国经济发展的一扇重要窗口。

今年，积淀数千年历史的中国春节，被列入联合国假日。神州大地烟火气升腾，"百花齐放"争春忙，也为当前复苏乏力的世界经济注入了暖意。

这份暖意，来自于中国大市场所具有的吸引力。

看车站、机场熙熙攘攘，"人潮"带动"人气"，汇成一幅流动中国的长卷；看酒店餐馆热闹繁忙，门口排起长龙，包间"一桌难求"；看文旅市场活力升温，热门景区、博物馆一票难求，影院剧场座无虚席。

龙年春节假期，春节档电影票房首次突破80亿元，快递业日均投递量比2023年春节假期增长82.1%，国内旅游出游人次同比增长34.3%，多项指标超过2019年同期水平。德国《法兰克福评论报》指出，春节期间人们外出聚餐、购物、旅行的意愿大幅提升，假日消费需求充分释放。

春节消费热潮不仅席卷中国，更席卷全球。可口可乐在越南发布带有金龙标志的龙年特别版，亚马逊等跨境电商上架了红包、窗花等各类龙元素的春节装饰，期待捕捉春节带来的新商机。

市场是当今世界的稀缺资源。14 亿多人口的超大规模市场，是中国的，也是世界的。新的一年，世界第二大经济体诚邀各国共赴美好风景。

共寻"诗和远方"，中国游客的"重返"有力提振了世界旅游业发展信心。继去年 11 月份同马来西亚宣布签证便利政策后，中国今年 1 月份又同新加坡、泰国相继签署互免签证协定，中国出境游目的地更加多元。春节假期，全国口岸日均通关人数达到 169 万人次，较 2023 年春节同期增长 2.8 倍，恢复至 2019 年春节同期的近九成。泰中旅游总商会副理事长吴明扬说，中泰实行互免签证为泰国旅游业的复苏注入强大动力。

共享中国消费大市场"蛋糕"，中国有意愿，更有作为。美国消费者新闻与商业频道援引摩根大通策略师分析称，中国"不可投资"的观点大错特错，投资者在中国仍有机会。

这份暖意，来自于人文与经济交融共生的发展之道。

从"龙墩墩"受到热捧，到各地接连登场的新春年味市集活动、博物馆和非遗热潮涌动，以文化浸润经济，传统年俗更有寄托。年味更浓的春节经济，不断丰富高质量发展的内涵。

2024年2月15日，在俄罗斯圣彼得堡举行的春节联欢节上，青少年学写中国春联。（新华社发 莫京娜摄）

纽约帝国大厦塔尖亮起中国春节主题灯光，瑞士日内瓦万国宫高悬起大红灯笼，新加坡"春到河畔"的巨龙灯饰熠熠生辉……世界各地举办别样新春庆祝活动，鼓舞着人们以更加昂扬的精神面貌努力奋斗，开启自信满满的新一年。

乘着春节东风，中国文化走向世界。正如联合国贸易和发展会议秘书长蕾韦卡·格林斯潘所言，龙象征着力量，象征着美好世界和美好生活，现在的世界比以往任何时候都更需要这种积极的力量。

这份暖意，来自于中国扩大高水平开放的真心诚意。

春节假期，中欧班列、远洋货轮昼夜穿梭，载着电子产品、衣帽服饰等"中国制造"奔向世界各地。诸多外贸企业争分夺秒，节日期间就出海跑展会、谈生意、拓市场，与国际同行共克时艰。拉美社报道称，中国对外贸易的脚步并未停歇。

人勤春来早。浙江温州商务部门带领200余家眼镜企业参加意大利米兰国际光学眼镜展览会，安徽合肥市经贸代表团赴泰国、阿联酋、沙特等国家开展经贸、外事和城市推介活动……春节前后，多地组织外贸企业"走出去"、吸引海外客户"走进来"，推动国际经贸合作再上新台阶。

作为货物贸易第一大国、140多个国家和地区的主要贸易伙伴，中国始终拉紧与世界各国的经贸合作纽带，以开放合作之姿促进互利共赢。

"市面"有活力，"账面"显韧性，"人面"见希望——中国经济新春"面面"红红火火，将向世界释放更大利好，也向世界有力证明"下一个中国还是中国"。

（新华社北京2024年2月19日电　新华社记者魏玉坤、潘洁、王悦阳）

透过"人气"看旅游

既欣赏"行到水穷处"的无限风光，又享受"坐看云起时"的精神休闲。旅游，因人而生，集聚"人气"。

刚刚过去的春节假期，创历史新高的4.74亿出游人次让大好河山尽显动感。回顾过去一年，"人气"不仅将淄博、哈尔滨等城市送上热搜，也将旅游市场推上恢复发展的快车道，成为我国经济回升向好的重要体现。

文化和旅游部最新数据显示，2023年，国内出游人次48.91亿，比上年增加23.61亿，同比增长93.3%。国内游客出游总花费4.91万亿元，比上年增加2.87万亿元，同比增长140.3%。

"人气"中有无限机遇。新年伊始，各地的2024年政府工作报告纷纷对文旅产业寄予厚望：广西提出加快恢复发展入境旅游，吉林规划实施旅游万亿级产业攻坚行动，浙江力争打造千万级核心大景区30个，云南要推出200个以上高水平文化旅游体育招商项目……

产业已布局，"人气"从何来？

古都西安，大唐不夜城人流不息——这个2005年启动的项目，在近年来的国潮热中脱颖而出，游客纷纷到这个现代商业街区追寻国风古韵；

湖南长沙，阴雨天气挡不住人们City Walk——百年老街潮宗街新近被评为国家级旅游休闲街区，麻石路上"网红"店林立，过去与未来在此交汇；

羊城广州，购物中心正佳广场办起新春"大唐千灯会"——这个拥有极地海洋世界、博物馆等项目的文商旅综合体，已经成为市民和游客共享的打卡点……

调研中，记者深刻感受到，"人气"是旅游业兴旺的外在表现，而旅游业涉及面广、带动力强、开放度高的内核才是其发展壮大的基石。

从涉及面上看，旅游包罗万象。时下热门的"跟着演唱会去旅行""循着博物馆去打卡"等产品，便是"旅游+演艺""旅游+研学"的产物。随着人民群众旅游消费需求从低层次向高品质和多样化转变，不断创新"玩法"已是行业共识。

从带动力上看，"一业兴、百业旺"可谓旅游业的真实写照。游客一声"来都来了"，发出的是培育新消费增长点的先声。以目的地为龙头，一路上交通、餐饮、住宿、购物等顺势拉出一条产业链，生动诠释了经济学中的"乘数效应"。

从开放度上看，我国旅游业还有很大的发展空间。因新冠疫情而受影响的人才链、供应链尚未得到完全修复，旅游业与其他产业跨界融合、协同发展的成果还没有完全显现，游客的需求也没有得到充分了解和释放。解决这些问题，不仅是旅游业的任务，也是增强市场信心的重点。

一些例子正在不断给出回答：凭借"村超""村BA"，贵州与游客"双向奔赴"，2023年接待旅游人次、旅游总收入均居各省份第一；苏州平江历史文化街区，产业业态创新赋能历史文化保护传承，2021年至今街区新增企业经济贡献超1.3亿元；国家图书馆内，国风科幻沉浸式戏剧《永乐长思》搭建文旅新场景，《永乐大典》在光影中"活"起来……

一位受访专家认为，旅游业的旧格局正在消解，新秩序开始构建。

在记者看来，进入大众旅游新阶段，新旧转换的战略机遇稍纵即逝。造概念、"抄作业"只能满足短期市场需求，旅游业的长期高质量发展，需要靠调研游客真正需求的专心、静待市场培育壮大的耐心和懂得旅游热爱旅游的真心。用心了，人就懂了，"人气"就来了。

（新华社北京2024年2月22日电　新华社记者徐壮）

义乌老板娘的新本领

"你好""Bonjour""Hola"……网上热传的一段视频里，浙江义乌的老板娘张吉英无缝切换各国语言，如数家珍介绍自家商品。

在义乌市场做了 20 年雨伞生意，张吉英从没想过，自己可以流利"说"出那么多种外语。支撑她的，是义乌国际商贸城推出的商品贸易领域大语言模型和新升级的 Chinagoods AI 智创服务平台。

商户将录制好的中文视频上传平台，可转化成 30 多种语言的版本，输出时还会根据发音调整嘴型。这是"买全球卖全球"的义乌在 AI 技术赋能传统贸易上的最新探索。

用这一平台做了 1 分钟的视频，却火爆出圈，张吉英在三个月内新增五六十位外商伙伴，还有不少三四年没联系的外国客户来要求发新商品。

早期在义乌做外贸，中外语言不通，交流要靠计算器上按数字。"现在他们会用各种数字化工具获客、报价、接单。"一名德国客商感叹于生意伙伴的新面貌。

这项技术投入应用之前，产品行销100多个国家的义乌，商户没法精通每种语言，交流不畅一定程度上妨碍了业务拓展。面对复杂多变的经济形势和迅猛发展的数字经济，义乌的传统经营模式正面临越来越大的挑战。但正如历史上每一次迎接挑战，义乌的回答都是：不断创新探索。

人多地少、土质不宜种植，义乌人便以经商为生存之道，用当地产的红糖交换商品，是为"敲糖帮"。改革开放以来，有形的义乌经历了小商品市场的五次迭代，无形的义乌见证了从一般贸易到旅游购物贸易再到市场采购贸易的发展历程。

21世纪初，面对中国加入世贸组织的机遇，义乌的大多数商户却不懂外贸、不会电脑。再加上全国与之类似的市场非常多，同行竞争激烈，以至于有人断言义乌市场活不过新世纪的头十年。

这"成长的烦恼",突出反映在体制机制的不适应——外国人居留、商户融资、出口通关,义乌这个县级行政单位的治理能力如何跟上发展的步伐,亟待改革破局。形象的比喻是,得"给成长快的孩子换上一件大衣服。"

在深入调研基础上,国家层面和浙江省均出台一系列政策,蹄疾步稳扩大当地经济社会管理权限改革,助推义乌持续实现超常规快速发展。

打"创新牌"、走"开放路"、吃"改革饭",终于成就这座小城从"鸡毛换糖"到"世界超市"的蝶变。2023年,义乌进出口总额达5660.5亿元,进口出口逆势双增长。

当前,义乌在全球范围运营布局海外仓210个,正从国际贸易全链路入手建设数字贸易平台,提供一站式数字化选品、交易、通关、结算等服务。

有了科技赋能的新本领,谈起龙年的发展,义乌老板娘自信满满。张吉英希望借助AI数字老板娘的功能,进行全天24小时的多语种直播,与客户沟通的渠道更通畅,市场机会更多。

义乌虽小,可观世事。这是中国经济改革创新永不停步的一个例证。

(新华社杭州2024年2月25日电　新华社记者袁震宇)

中国车市"开门红",汽车产业能否驶上快车道?

中国汽车工业协会公布的数据显示,2024年1月,中国汽车产销量分别达241万辆和243.9万辆,同比分别增长51.2%和47.9%。一汽、东风、长安、比亚迪、吉利等中国主要汽车集团销量继续保持较高增速。车市"开门红",为全年汽车产业发展开了个好头。

中国车市产销量已连续15年位居全球第一,新能源汽车产销量连续9年位居全球第一,出口量去年再创新高……

汽车产业是国民经济支柱产业,上下游产业链条长,对经济带动能力强。近年来,中国车企产品持续迭代,其高性价比受到消费者认可。中国车企产销"飘红"有较为广阔的市场基础,发展动力强劲,将为中国经济发展提供有力支撑。

有人说,中国车市太"卷",把车市原有的秩序打乱了,传统车企与车企新势力市场争夺战"白热化",新能源汽车不断挤占燃油车市场份额,单车利润正在持续下滑,一些甚至在

新华社经济随笔

中国车市"开门红" 汽车产业能否驶上快车道？

中国汽车工业协会公布的数据显示 2024年1月 中国汽车产销量分别达241万辆和243.9万辆 同比分别增长51.2%和47.9%

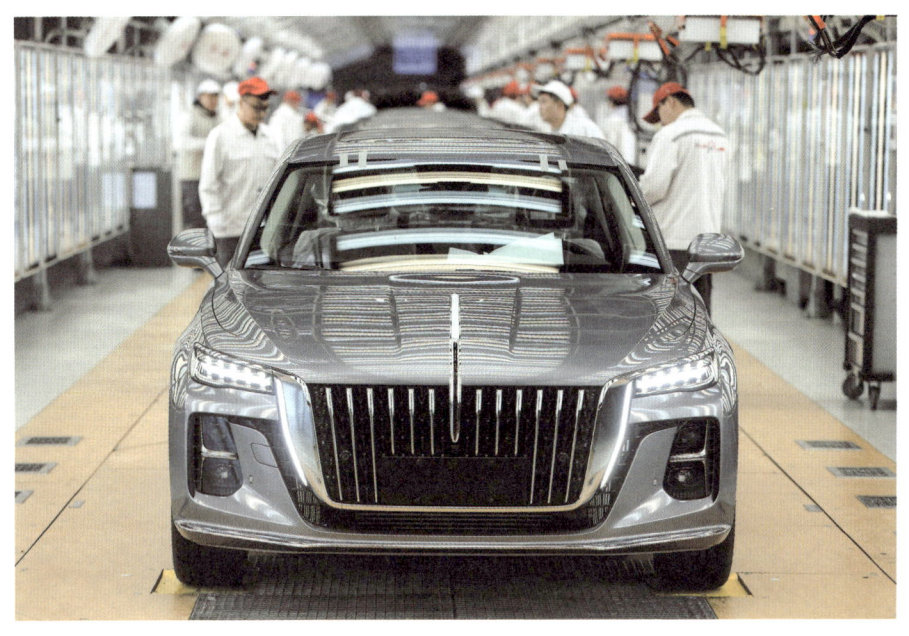

2024年2月19日，工人在位于吉林省长春市的一汽红旗繁荣工厂总装车间检查车辆。（新华社记者张楠摄）

"赔本赚吆喝"。

问题要两面看，正是这种"卷"，才有了技术快速迭代和高性价比产品，才有了中国新能源汽车产业在全球的"一枝独秀"，才有了中国车企在全球强大的竞争力。

面对全球汽车产业变革，中国汽车产业正牢牢抓住电动化、智能化、网联化等弯道超车的历史机遇加快发展。

中国车市"开门红"，释放出中国汽车出口将延续快速增长态势的信号。1月份，中国出口汽车44.3万辆，同比增长47.4%。不少车企出口增速迅猛，中国一汽海外1月销量同

2024年1月13日，在江苏连云港港东方港务分公司码头，大批汽车集港准备装船（无人机照片）。（新华社发 王春摄）

比增长186%；1月比亚迪出口同比增长247.5%……

可以预见，今年，越来越多的海外消费者将享受到中国汽车产品带来的不一样的出行体验。

彩虹和风雨共生，机遇和挑战并存。近年来，不少中国车企不甘于做廉价车，顶住压力迎难而上，大力在海外开拓高端市场,加快实施本地化战略,比亚迪、奇瑞、上汽等车企的产品在欧洲、东南亚、中东、拉美等地正在受到越来越多消费者的认可。

中国车市"开门红",更释放出中国市场的"磁吸力"依旧很强的信号。

投资100亿元的华晨宝马第六代动力电池项目、投资超350亿元的奥迪在华首个纯电动车型生产基地、德国大众集团将德国总部以外最大的研发中心落户中国……当前,中国新能源汽车正逐步把先发优势转化为技术优势、产业优势、合作

2024年1月26日,奥迪Q6 e-tron预批量车在位于吉林省长春市的奥迪一汽新能源汽车有限公司总装车间下线,标志着奥迪一汽新能源汽车有限公司预批量生产正式启动。(新华社记者许畅摄)

优势，这为大众、宝马、奔驰等汽车巨头在华深化合作、拓展市场提供了新的机遇。

敞开大门，中国车企正以开放的姿态与合作伙伴一道，重点在资本、技术、产品、产业链等方面深化合作，加快发展新能源汽车产业，并将发展主动权牢牢掌握在自己手里，努力保持竞争优势。

润物细无声。随着一系列促进汽车产业发展和消费的"组合拳"加快落实，中国经济稳健恢复，汽车市场需求增长势头显著，中国车市今年"开门红"，有望为全球汽车产业发展乃至世界经济复苏作出应有的贡献。

（新华社长春2024年2月26日电　新华社记者张建、高亢）

从多个维度感受外贸暖意

海关总署 3 月 7 日发布数据：今年前 2 个月，货物贸易进出口总值 6.61 万亿元，同比增长 8.7%。增速连续 5 个月同比增长的同时，规模也创历史同期新高。

新的一年，中国外贸的暖意起于多个维度。

在增速中看到分量。前 2 个月，有所放缓的出口增速重回两位数增长。虽然有去年基数较低的因素，但不可否认也反映出我国经济动能逐步恢复。尤其是汽车、家电、船舶等优势产品再次成为外贸出口的"领头羊"，展现出中国制造的硬实力。

在需求中看到潜力。不论是乘着节日"春风"走进千家万户的车厘子、鲜榴莲等优质生鲜，还是满足更好生活品质需求的服装、首饰；不论是往来穿梭的远洋货轮，还是"买全球""卖全球"的跨境电商，无不彰显出消费潜力的释放。

在开拓中看到韧劲。正在召开的全国两会是一个绝佳的观察窗口。刚从欧洲考察回来的全国人大代表、广汽集团总经理冯兴亚将自己对国际市场的观察和思考凝结成一份关于支持汽车出口的建议,带到了大会上。这样的关注还有很多,关于外贸的一份份议案、建议和提案,一次次交流对话,牵引着人们的思绪跨越重洋。不少代表委员感慨:在世界的每一个角落,总能看到勤奋的中国外贸人的身影。

锐意开拓的经营主体,是中国外贸、也是中国经济的韧劲来源。

代表委员们带来了这样的故事:一家湖南的休闲食品公司通过在非洲建设原材料基地,为打开品牌销路注入新活力,2023年实现净利润超2亿元,同比增长约七成;一家山东的化工新材料公司利用《区域全面经济伙伴关系协定》(RCEP)带来的政策红利,全年节约多项成本合计逾千万元,生产和出货也更加顺畅……

经济是一个复杂的系统,难免会在纷繁因素的影响下起伏波动,而眼光敏锐的外贸人总能在变化中找到空间和出路。随着国际格局加速演变,开放合作的大趋势受到对立对抗、以邻为壑、"小院高墙"等逆流的挑战,但经济全球化是不可逆的历史潮流。

在大势中看到信心。"将进一步加强对外贸企业特别是中小微企业的金融服务保障,打出提前量""推动便利商务人员签证申领,支持企业开展贸易促进和供采对接""建设贸易绿色发展公共服务平台,帮助外贸企业加快绿色低碳转型"……全国两会上传递出的声音,让我们感受到中国外贸发展动力不竭。

"推动产业链供应链优化升级""激发各类经营主体活力""推动高质量共建'一带一路'走深走实"……围绕提高贸易便利化水平、降低进出口企业成本、推动市场多元化等方面，政府工作报告提出的各种举措再次表明，我国外贸向高质量发展的步伐正在加快。

"满眼生机转化钧，天工人巧日争新。"生机在春寒料峭中显现，伴着外贸良好开局，中国经济正以"拼"的精神、"闯"的劲头、"实"的干劲向着春山进发。

（新华社北京 2024 年 3 月 8 日电　新华社记者邹多为、吴涛）

在车间里触摸新质生产力脉动

当前正是世界新一轮科技革命和产业变革同我国转变发展方式的历史性交汇期。在这一场波澜壮阔的革命与变革中，弄潮儿凭何涛头立？

"新质生产力"是一个关键答案。

从理论到实践，从政策到实效，新质生产力从哪里培育成型？

一位全国人大代表带来一个关于车间的故事：广东一家传统企业在外迁和转型之间反复权衡后，下定决心上机器人、上自动化生产线、上智能化系统，对车间进行升级改造。改造后，产能翻了一倍、良品率提高10%以上、效益提高30%以上。更意想不到的是，技改后的生产线也成了同行争抢的畅销产品。

培育新质生产力，加快科研成果转化是重要环节。车间一头连着市场，一头连着实验室，是先进技术生成现实生产力的重要载体。在中国大地上的一座座厂房车间，就是一个个观察工业变革的窗口。

在车间里，看新产业的萌芽和生长。

在安徽合肥的工业园区里，一条条生产线让数据走出实验室，形成量子通信、量子测量、量子计算和量子关键元器件等快速成长的量子信息产业。

从生物制造、商业航天、低空经济到量子计算、生命科学，一项项先进技术通过在工厂车间的应用，催生出一个个充满希望的新产业，带来质优效高的经济增量。

在车间里，看老产业的更新和巩固。

习近平总书记在3月5日参加十四届全国人大二次会议江苏代表团审议时强调，发展新质生产力不是忽视、放弃传统产业。

在制造业大省，传统产业盘子大、牵涉广，既要考虑产业转型升级实现新型工业化，又要兼顾稳就业、稳外贸等诸多因素。近年来一些省份通过工业技改，既能推动新技术、新工艺、新设备在车间的应用，又能避免"大拆大建"带来的震荡与浪费，实现安全和发展的统筹。

因地制宜发展新质生产力，正成为保持制造业活力的重要密码。

在车间里，看人才的基础作用。

一流的装备，需要顶级的工匠来完成。制造业高质量发展，需要有高素质的技术工人队伍支撑。

一批批的大国工匠不仅是基石、栋梁，还是工业变革中的创新之源。200多年前，纺织工人詹姆斯·哈格里夫斯发明的珍妮纺纱机，开启了第一次工业革命。今天发展新质生产力，则呼唤更多的能工巧匠。

车间是实践与实效生动的窗口之一，我们从中真切地触摸到新质生产力的脉动。我国的工业企业数以百万计，拥有车间估计超千万个。每个车间多一点新质生产力，就能汇聚成高质量发展的洪流，汇聚起中国经济发展向前的大势。

（新华社北京 2024 年 3 月 8 日电　新华社记者吴涛）

一口"高原锅"带来的欣喜

3月7日,西藏代表团举行的开放团组会议上,西藏自治区那曲市巴青县江绵乡坡荣塘村党支部书记其德代表讲述了一口"高原锅"的故事。

其德所在的村海拔4500米左右,做饭离不开高压锅。但由于西藏普遍使用的压力锅压力标准都是针对平原地区的,难以满足高原群众的烹饪需求。

"在我的家乡,水的沸点仅仅85度,煮饭做菜不易熟、熟得慢、不新鲜一直是困扰牧民群众的生活难题。"其德说。

小小高压锅,牵动百姓民生。

2022年春节刚过,西藏自治区党委主要负责同志在基层调研发现,高原群众普遍面临"一口锅"的烦恼,普通高压锅存在操作程序复杂、烹饪压力不足、功能较为单一、存在安全隐患等问题。

吃饭是群众的头等大事。雪域高原掀起了一场"炊具革命"。

"好看、好用、价廉物美"——西藏自治区党委要求经信部门按照这样的原则，紧扣群众需求，抓紧研发推广高原型压力锅产品。

西藏自治区日喀则市委副书记、市长王方红代表，2022年曾任自治区经济和信息化厅厅长。他回忆说，当时接到任务后，经信厅迅速成立工作专班，组织行业协会、龙头炊具企业联合研发攻关。2022年3月份立项，3个月后便拿出研发产品。

"大家争分夺秒研发测试，这口高原型压力锅，可以说是汇聚了整个行业的智慧，获得了18项技术专利。"王方红说。

2022年11月20日，年产100万只高原专用压力炊具项目在西藏顺利建成投产，随后在全区逐渐推广。

2023年秋天，其德家里用上了这款新型高原高压锅。"我很喜欢这个高压锅，功能多、操作简单，做出来的菜味道更好。政府把群众的事放在心上，我们感到非常幸福。"

如今，其德所在的村里家家户户都用上了新式高压锅，有的还用上了高原蒸箱、高原烧水壶等。

西藏经信厅相关负责人介绍，目前已有近50万个西藏家庭用上了本地生产的高原炊具，近百万人从中受益。

一口小小的锅，从研发、生产到群众用上新产品，不到一年时间。如此高效，正是因为党和政府站在老百姓角度看问题办事情，把小小高压锅当成大事来办。

今年政府工作报告提出，"注重以发展思维看待补民生短板问题，在解决人民群众急难愁盼中培育新的经济增长点"。这里面蕴含着民生发展智慧。

增进民生福祉是发展的根本目的。当前我国经济正处在加快转型升级、实现高质量发展的关键阶段，如何在发展中保障和改善好民生，考验政府的能力和水平。

西藏"一口锅"的故事启示我们，从群众期盼中寻找切入点，做好民生小事不仅能为百姓纾解"痛点"，还能挖掘新的经济增长点。

比如，目前新型高原炊具在西藏供不应求。去年西藏自治区专门发文指导高原炊具产业发展，让"小"炊具"烹"出

2022年11月28日，在拉萨市一家工厂内，工人在电器装配生产线上作业。
（新华社记者周荻潇摄）

大产业。不仅如此，针对百姓反映较多的供暖、供氧到高原型日用小家电需求，西藏正在因地制宜谋划发展更多高原轻工产业。

市场有需求，经济增长就有空间。

2023年我国常住人口城镇化率为66.16%，还有不小的提升空间；截至2022年，户籍人口城镇化率仅为47.7%，意味着还有大量农业转移人口尚未市民化；这些都将在住房、教育、医疗、养老等方面带来巨大需求。

翻开政府工作报告，今年用了较长的篇幅来部署"积极推进新型城镇化"，培育发展县域经济、补齐基础设施和公共服务短板、稳步实施城市更新行动、加快完善地下管网……这些新举措瞄准百姓身边事，蕴藏发展新机遇。

更好运用发展思维解决问题，从满足百姓美好生活需要出发，从企业和百姓的期盼中找准着眼点、发力点，就可以更大汇聚各方面合力，最大程度上释放经济增长潜力。

（新华社北京2024年3月8日电　新华社记者韩洁、陈尚才）

《一口"高原锅"带来的欣喜》

在东北经济新变化中见潜力

"去年有约40万名大学生留在辽宁、来到辽宁工作""钢铁是我们引以为豪的城市标签,把传统产业做精做强,老工业基地也能焕发新活力""今年东北旅游热辣滚烫,我们要借热乎劲儿乘势而上"……

在全国人代会代表团全体会议、代表小组会议上,不少来自东北地区的全国人大代表围绕家乡经济发展新现象谈体会、提建议、出实招。

从去年吉林和辽宁的GDP增速跑赢全国平均水平,到开年以来"尔滨现象"火爆出圈,人们重新"认识"了东北,也切实看到了"东北全面振兴"六个字背后的广阔空间。

今年政府工作报告提出,充分发挥各地区比较优势,按照主体功能定位,积极融入和服务构建新发展格局。同时,就"东北全面振兴""提升东北和中西部地区承接产业转移能力"等作出部署。

如何将经济新现象转化为发展新动能?代表们以东北的新变化打开话题,谈产业发展、谋增长潜力。

立足自身优势，锻长板、补短板相结合。

辽宁代表团全体会议上，鞍山市委书记王忠昆代表带来了这样一组数据：尽管去年钢铁价格下降，但通过开发高端钢材，发展镁化工、镁建材等新产品，鞍山钢铁及深加工业、铁矿业增加值分别增长了6.1%和6.4%。逆势而上的产业变化令他感慨："用好优势资源、发展好优势产业，就能释放发展红利。"

靠山吃山、靠水吃水。鞍山钢铁产业焕新，恰恰印证了政府工作报告中"充分发挥各地区比较优势"这句话。

东北资源条件好、产业基础雄厚、区位优势独特。东北全面振兴，并不意味着必须另起炉灶、另辟蹊径，更在于如何用好现有资源和优势。

全国两会期间，从来自东北不同地区的代表发言中，我们看到了同样是东北发展，各地正在谋划不同文章：沈阳立足装备工业强链建群，布局高端装备、汽车制造等；长春用好科研院所，谋划未来产业，布局新质生产力；牡丹江依托大国粮仓，做好现代化大农业的文章……立足实际、看准路径，抓住机遇、顺势而上，不断打开人们对东北全面振兴的期待与想象。

生产力是激发经济动能、撬动产业升级的关键要素，生产力的活跃要靠政府和市场的协同。就拿年初的东北"文旅热"来说，从在热门旅游景区增开公交专线到对恶意破坏市场秩序行为的严厉打击，正是政府积极作为，让市场经营主体得到正向激励。

从所谓的"投资不过山海关"到当前东北经济新热度，不少代表有感而发："东北要把经济做活、做优，要靠让人放心的营商环境""要把改善营商环境作为发展的重要突破口"。用有效市场引导资源的优化配置，有为政府营造良好的发展环境，去推动各界的主动性和创造性进一步激发。

当然，关键要靠持续深化改革，破除体制性障碍、打破固化思维，切实为发展想办法，为企业助把力，让"人气"变"景气"。

东北可以在转型升级中拓宽发展的路子，其他地区同样可以。东北的发展新机遇，也是我们践行高质量发展所带来的勃勃生机。中国经济是一片大海，庞大的市场、完整的产业体系中蕴藏无数创新动能与潜力。立足自身、发挥优势、瞄准方向、久久为功，东北及其他区域的振兴与发展必将长风破浪、未来可期。

（新华社北京 2024 年 3 月 9 日电　新华社记者张辛欣、段续）

优化营商环境
是一项"永不竣工"的工程

好的营商环境就像阳光、水和空气，既体现着经济发展"软实力"，也为各类经营主体发展提供"硬支撑"。

坚定不移深化改革，增强发展内生动力，是 2024 年政府工作任务之一，内容就包括更好发挥政府作用，营造市场化、法治化、国际化一流营商环境。

营商环境为何如此重要？

不少企业负责人反映，在面临投资地选择时，宁可用更高的土地成本、人力成本，去换取更优的营商环境，也不愿意拿着所谓的补贴和优惠去营商环境相对滞后的地区，因为只有便捷高效、公平竞争、稳定透明的营商环境，才会有稳定的预期。

"去年我们有一项全球业务，按惯例需十多个部门开具证明，时间至少需一个月，但当地部门主动对接，仅用 3 天就帮企业办妥了。"浙江三花智能控制股份有限公司董事长张亚波说，政府部门急企业之所急，切实帮助企业解决问题，这就是好的营商环境。

营商环境没有最好、只有更好。

上海近期发布坚持对标改革持续打造国际一流营商环境行动方案，已是优化营商环境行动方案的7.0版；北京市全面优化营商环境打造"北京服务"……近段时间，中国多地密集出台举措，以钉钉子精神锲而不舍、驰而不息抓好优化营商环境这件大事。

改革开放以来，我国营商环境持续优化，是全球营商环境改善最显著的经济体之一，不断推动国企、民企、外资企业等各类经营主体活力释放。但也要看到，当前国内不同地区营商环境改革成效仍有落差，国际上逆全球化思潮抬头带来新的挑战，进一步优化营商环境仍然是我国释放市场活力、激活发展潜力、提升国际竞争力的重要抓手。

法治是最好的营商环境。

世界变局加速演进，市场环境瞬息万变，企业如何在不确定性中寻找确定性？唯有确定的规则、法治的环境。"针对仍然存在的各类'旋转门''玻璃门'，我们将进一步清理涉及不平等对待企业的法律、法规、规章、规范性文件，破除地方保护和所有制歧视。"国家发展改革委法规司司长孟玮近期在国务院政策例行吹风会上说。

加快构建统一大市场，进一步破除地方保护主义和市场分割壁垒，有效发挥中国大市场优势；加快高水平制度型开放，主动地对接高标准国际经贸规则，进一步放宽市场准入……我国正在加快实施一系列举措，就是为了进一步优化国企敢干、民企敢闯、外企敢投的制度环境。

营商环境就是竞争力，而优化营商环境是一项"永不竣工"的工程，只有进行时，没有完成时。

在优化营商环境发展新质生产力的赛道上，各地已经全力开跑，势必将汇聚起改革创新的洪流，进一步增强发展新动能、塑造发展新优势。

（新华社杭州2024年3月19日电　新华社记者岳德亮、谢希瑶）

陕北小米的新味道

春日的黄土高原正从寒冬中苏醒。熬一碗陕北小米粥，薄薄的米油覆在上面，米汁如脂，入口回甘。

丰收，是农民朴素而恒久的期盼。

"羊羔羔吃奶眼望着妈，小米饭养活我长大……"清香醇厚的小米粥、小米饭，是陕北人餐桌上永不过时的美味。延安时期，小米更是滋养了千千万万革命战士，成为"红色传家宝"。

然而由于经济效益低、销售渠道窄、耕作费时费力等问题，当地小米产业一度低落。

俯身田间，探究小米之变。

聚人才，拓渠道，促增收。

从脱贫攻坚到乡村振兴，基层用一个个实践案例作答。

因小米而得名的陕西省榆林市米脂县，大学生张雄彪与20多个同学一起返乡创业，设立陕西青创联盟电子商务股份有限公司，帮助乡亲们"卖小米"，累计带动农民增收600多万元。

在革命圣地延安，"80后"村民毛伟尝试"触网"直播，镜头里山野民居，袅袅炊烟，带动"土特产"飞出"山坳坳"，最多一天收入超 8000 元。

植根一方水土是农业"源头活水"，热情拥抱新模式拓宽振兴之路。目前陕北地区谷子、糜子等小杂粮种植面积约 360 万亩，总产量约 39 万吨，重点企业近百家。

流通多渠道助推"土特产"飞向大江南北。从 2014 年至 2023 年，我国农村网络零售额由 1800 亿元增长到 2.49 万亿元。

"数商兴农"，却不止于兴农。

从田间地头到厂矿车间，数字经济正持续赋能传统产业，"老树"发"新芽"，加速产业蝶变。

走进企业，感受产业之变。

补链条、兴业态、树品牌。

如今走在陕北大地，小米产业的"热气腾腾"处处可见：选育良种、规模经营、培育企业、开发产品、打造品牌、线上销售……

小米锅巴、小米酥、小米乳、小米油、小米茶、小米咖啡……品类丰富的"新味道"，让小米成为新时代"网红"。

从"充饥饭""红色米"到"致富粮"，产业链长了，附加值高了，土特产"洋气了"！

淡淡乡愁里有不变的滋味，产品创新则带来"青春活力"。陕北小米种植面积已有约 100 万亩，年产量约 16 万吨，"延安小米""米脂小米"等品牌价值不断提高。

科技助农，却不止于助农。

产业链延伸，价值链提升。从传统产业到新兴产业，科技创新引领的新质生产力，正加速构建我国现代产业体系。

感知市面，洞察时代之变。

重创新，求突破，谋幸福。

呷一口新开发的"小米乳饮料"，米香在唇齿间回荡。从"糊口粮"到健康"新宠"，折射出消费结构的转变。

一人食、减脂餐、零添加等消费观念，正重塑消费习惯。满足人们健康需求的同时，不断创新的小杂粮成为陕北农民增收的"拳头产品"。

气温回暖，黄土高原又添新绿。销售特色农产品、体验陕北民俗、民宿迎来客人……陕北小米助力一二三产深度融合，增收致富实现"多点开花"。

创新富农，却不止于富农。

消费格局重塑，为构筑新竞争优势赢得主动。正在培育的新质生产力，让"土特产"成为"香饽饽"，是农业高质量发展的重要着力点。

"山丹丹红来哟山丹丹艳，小米饭那个香来哟，土窑洞那个暖……"立于沟峁之上，高唱一首陕北民歌。

余音回荡，神清气爽。

陕北小米的新味道，是迎面而来的和美乡村。

（新华社西安2024年3月22日电　新华社记者陈钢、雷肖霄）

全国用水"账单"的变与不变

水利部初步统计显示，2023年我国用水总量保持在6000亿立方米左右。

2014年以来的10年间，我国国内生产总值增长近一倍，用水总量总体稳定在6100亿立方米以内。这意味着什么？

用水总量10年大体稳定，其背后是一些重点领域用水量的大幅下降。与2014年相比，2023年的工农业用水量分别下降约28%和约5%；万元地区生产总值用水量、万元工业增加值用水量各降41.7%和55.1%；农田灌溉水有效利用系数由0.530升至0.576。

这份用水"账单"，显示我国用水效率和效益不断提升。

水资源短缺，向来是制约我国经济社会发展的瓶颈。节约用水，则是解决这一问题的根本措施。

10年来，节水优先的理念一以贯之。通过实施国家节水行动，强化水资源刚性约束，推进农业节水增效、工业节水减排、城镇节水降损，我国用水方式开始由粗放向节约集约转变。

变的是用水效率，不变的是节水方向。人多水少，水资源短缺的现实，要求各行各业继续提升水资源节约集约利用能力。

农业是我国的用水大户，占全国总用水量的60%以上。农田灌溉水有效利用系数越高，说明灌溉水利用的效率越好。我国这个系数从10年前的0.530升至2023年的0.576，小小数值变化的背后，是我国灌区节水改造，调整农业种植结构、推广喷灌微灌等先进技术的巨大进步。

10年间的纵向比进步明显。但是，横向与节水效益较好国家的系数0.7到0.8相比，提升空间依然巨大。

工业用水量大幅下降，同样是工业企业不断提高先进节水技术、工艺和设备等的体现。与农业取得节水进步一样，工业用水方面继续进步的空间同样不小。

节水步伐需要加快，发展潜力仍待释放。比如再生水、集蓄雨水、海水淡化水等非常规水源的利用，2023年全国利用量为210亿立方米，是2014年的3.5倍。但总体而言利用水平目前还不高，开发利用潜力巨大。

有受访专家坦言，我国节水制度政策体系还不够完善、激励约束作用也不够明显，节水创新和产业发展比较薄弱，部分地区非常规水开发利用不足、缺乏资金支持。

值得一提的是，我国首部节约用水行政法规——《节约用水条例》近日公布。这个将自今年5月1日起施行的条例，对用水的全过程进行了细致的划分并有明确规定，同时从工业、农业、生活等方面提出了综合性的节水措施。

节约用水涉及千家万户、千行百业。形成节约用水的共识和行动，是实现节水目标的关键。条例对节水奖惩、社会参与、监督考核等都有规定，它的实施有望大力促进全社会节约用水。

好风凭借力。目前，国家正在持续将农业、工业、城镇等领域作为节水重点，强化区域重大战略节水行动，强化非常规水利用，大力发展节水产业，加快推进节水型社会建设。

水资源利用，不变的是节水优先方针，变化的是各种利用方式。只要牢牢把节水放在优先位置，精打细算用好水资源，从严从细管好水资源，水资源节约集约利用能力就一定能得到持续提升，从而为保障国家水安全、推动高质量发展提供有力保障。

（新华社北京2024年3月23日电　新华社记者刘诗平）

西部山城成为
"毛绒玩具新都"的启示

当所在地区生产成本上升，企业会寻求向成本较低地区转移，经济学家将之称为梯度转移理论。近些年来，随着我国东部沿海地区用工用地成本增加，一些人担心沿海地区的制造业会流向越南、印度等人工成本低的国家。但实际上，这些转移产业的重要承接者，是我国广袤的内陆地区。

陕西省安康市地处秦巴山区深处，不沿边、不靠海，素有"九山半水半分田"之称。记者在这里采访时了解到，短短6年多时间，安康市毛绒玩具产业"无中生有"，如今拥有在营毛绒玩具企业800多家（点），日产能超100万只，吸纳就业1.98万人，2023年实现产值61.05亿元，产品远销美国、日本等80多个国家和地区。

这样一座被排在中国五线城市序列的西部山城，何以在短时间内崛起为"毛绒玩具新都"？

故事起源于一份关于承接东南沿海毛绒玩具产业转移打造安康新兴支柱产业的报告。2017年底，江苏省常州市对口帮扶安康市工作组建议，抢抓东部地区产业"腾笼换鸟"机遇，积极承接毛绒玩具产业。

发展不仅要算经济账，还要算政治账、民生账。当时，在实施避险搬迁、生态搬迁、扶贫搬迁过程中，安康市有近百万群众从山区搬进了社区。如何让数量庞大的劳动力搬得出、稳得住、能致富，成为摆在政府面前的一项课题。毛绒玩具产业作为劳动密集型产业，对于带动搬迁群众在家门口实现就业增收的意义不言而喻。同时，安康作为南水北调中线工程主要水源涵养地，发展生态友好型的毛绒玩具产业正合适不过。

经过几年发展，毛绒玩具产业已经成为安康的新兴支柱产业。返乡工人祝国梅的话令记者印象深刻："去外地打工，小孩放在家里不放心，如今在家门口，既有稳定收入，也能照顾家里。真好！"

如果家门口有不错的工作，谁愿意四方奔走把青春留在他乡？有工作的地方没有家，有家的地方没有工作，是困扰很多打工人的问题。近年来，国家出台系列政策促进制造业有序转移，无疑给很多中西部群众提供了解决就业困扰的机会。

应该说，安康承接毛绒玩具产业，和常州工作组的报告建议有直接关系，背后是我国这些年来持续开展的东西部协作机制。

热播电视剧《山海情》演绎的闽宁协作，山东援藏工作队把寿光蔬菜模式带上雪域高原……长期以来，我国形成了对口支援、东西部协作等独具特色的政策安排，不仅把东部地区的好经验、好办法带到了西部，使区域经济发展差距逐步缩小，也为市场变化背景下的东西部产业转移奠定了坚实基础。

独弦不成音，独木不成林。对于我们这样的大国来说，如何解决区域经济发展不平衡不协调至关重要。西部如何有效承接东部产业转移既是大课题，也是事关经济高质量发展的必答题。安康毛绒玩具产业的兴起启示我们，产业转移不只是市场的选择，实现政府"有形之手"和市场"无形之手"的有效对握尤为重要。

（新华社西安 2024 年 3 月 24 日电　新华社记者张京品、张晨俊）

跨国公司高管们的中国之行意味着什么

苹果中国大陆最大零售店 21 日晚在上海开业，苹果公司首席执行官蒂姆·库克亲手推开新店大门迎接中国消费者。

此前一天，库克在上海苹果中国总部，与比亚迪、蓝思科技、长盈精密等供应商进行交流。他说："对于苹果的供应链来说，没有比中国更重要的地方了。苹果将加强与中国供应链伙伴长期合作关系，在绿色制造、智能制造方面紧密合作，实现双赢。"

中国是大市场，也是全球产业循环的"大枢纽"。苹果公司的 200 家主要供应商中有 151 家在中国生产，这 200 家供应商占苹果总采购的 98%。"果链"之于中国，正是中国供应链韧性千千万万个故事中的一个。

中国供应链韧性，反映在跨国公司高管的行程里。

近期，葛兰素史克全球首席执行官魏爱玛、瑞士雀巢集团首席执行官马克·施奈德等跨国高管密集到访中国，还有很多高管新年伊始就把跨国商务访问的"首站"选在中国。德国大陆集团执行董事会成员兼汽车子集团负责人冯贺飞在中国4天的行程里马不停蹄地飞了京沪渝三座城市，为了留出更多时间与中国客户对接，常常把入住酒店选在机场附近。

冯贺飞说："年产3000万辆汽车的中国市场可能是当今世界上竞争最激烈的市场，这也意味着我们有额外的机会从竞争中脱颖而出。我们与中国的客户共同成长，助力他们在本土以及海外的发展，寻找更多机会。我看到了一个伟大而繁荣的未来。"

中国供应链韧性，充盈在一座座智慧、绿色的工厂里。

黑灯工厂、智能工厂、零碳工厂……一排排机器人和数控机床忙碌工作，派单、生产、质检、物流无缝衔接。

中国产业链高效、灵活、韧性的既有优势，中国"智造"开始赋能全球供应链。安波福亚太区总裁杨晓明说："中国工厂是我们全球自动化、智能化程度最高的工厂。现在，安波福连接器全球生产所用的精密模具，80%来自上海智能工厂。中国正在实现'智能输出'。"

中国供应链韧性，体现在"数实融合"的产业浪潮里。

在跨境出海服务商飞书深诺总部办公室，一块块大屏实时跳动着来自海外的市场"信号"。"借助大数据分析，企业可以知道哪一款产品谁关注、谁点击、谁有付费意愿、谁下单了，这个反馈闭环最快'T+1'就能完成，从而指导企业更精准完成生产销售。在小批量订单、快速反应的'小单快反'

模式下，部分外贸企业上新周期从数十天缩短至一周。"飞书深诺集团风控副总裁陈国阳说。

今年政府工作报告提出"积极推进数字产业化、产业数字化，促进数字技术和实体经济深度融合"。依托"深度信息链+高效供应链"的强强整合，中国跨境电商快速崛起。2023年，跨境电商进出口达到2.38万亿元，同比增长15.6%，比全国进出口增长速度高出15.4个百分点。

最新公布的1-2月经济数据显示，我国发展质量不断改善，经济运行起步平稳，延续回升向好态势。中国经济的强大韧性与活力，将世界与中国超大规模市场红利紧密"链"接，与中国高水平开放的底气和自信"链"接，与中国源源不断的发展机遇"链"接。强韧的供应链里，彰显着无可替代的中国经济魅力。

（新华社上海2024年3月24日电　新华社记者姚玉洁、王辰阳）

从"油改电"看新能源市场"新蓝海"

记者近日在山西临汾采访时,一项名为"油改电"的新兴业务给人留下深刻印象。这家名为尧兴新能源的公司原本从事通信领域电源生产,在新能源"东风"之下,不断扩展业务版图,找到了一个又一个"赢利点"。

在环保压力较大的临汾,柴油工程车是"污染大户",当地对工程车"油改电"需求强烈。尧兴瞅准这一市场,利用自身在电源电控领域积累的技术优势,探索开展工程车"油改电"业务,即把工程车燃油系统换装为锂电池系统。

尧兴新能源公司副总经理周良波给记者算了一笔账:一台柴油装载机每小时耗油18升,一天工作10小时,要花费1440元左右;改电后,每小时耗电40度,一天花费仅320元,这样一天就能省下1000多元。

不仅环保,还能降成本,尧兴的"油改电"业务受到企业欢迎。临汾环源建材公司去年5月投入40万元改装了一台装载机,不到一年时间就省出了近30万元油钱,预计今年就能把改装投入收回。

"比起新买电动车,'油改电'更便宜,还能延长装载机寿命、减少浪费,改装后还可以享受 5 年的保修期。"企业负责人张文进说,改电后充电 1 小时,可工作 4 小时,到午饭时再充上,不耽误事儿,性能也稳定。

首批企业换装改造的消息传开,越来越多的个体户、民营企业、国有企业找上门。尧兴新能源公司董事长王玉萍说,随着环保政策倒逼,工程车"油改电"需求大增,预计今年尧兴的"油改电"业务量将达到 1000 辆,可创造产值近 3 亿元。

除了工程车"油改电",尧兴还在积极拓展动力电池回收梯次利用、新能源汽车充电桩、光储充检智慧充电站等业务。"中国的新能源市场提供了广阔的舞台,让我们这样的小企业也能尽情施展。"王玉萍说。

一家小小的企业,让我们看到了中国新能源市场的广阔天地。在新能源这片新兴"蓝海"之中,既有像宁德时代、比亚迪、中国电建这样的"巨轮",也有无数中小企业千帆竞发、追风逐浪,在不断增长的市场中嗅得商机,分得一杯羹,在创造价值的同时也实现自我成长。

这种"烟火气"首先来自中国推动绿色低碳发展的决心。2024 年政府工作报告明确提出,要加强生态文明建设,推进绿色低碳发展。在"双碳"目标引领下,传统行业改造升级,节能环保、清洁能源等绿色产业加速发展，绿色消费不断增长……从生产到生活，都在向"绿"而行，由此带来巨量的新能源市场需求，为中小企业向"新"发展打下坚实基础。

"烟火气"也来自日趋成熟的新能源产业链。王玉萍告诉记者，"油改电"所需锂电池、电机、电控等组件的零部件都能在国内配备完成，这得益于我国完备的新能源产业链条。就像在肥沃的土壤上一颗种子能够顺畅发芽，新能源产业聚链成群、集群成势，为中小企业营造适宜成长的便利条件。

"烟火气"还来自与时俱进的企业家精神。市场活力来自人，特别是来自企业家，来自企业家精神。在追"风"逐"日"、上天入海的新能源战场，处处是民营企业家的身影。采访中，一位企业家用朴素的语言表达自己走上新能源赛道的初衷："做企业不能躺在原地，要跟着大势走，才能挣到钱。"

（新华社太原2024年3月26日电　新华社记者赵东辉、马晓媛）

敏感、敏锐、敏捷……
在博鳌亚洲论坛上感受企业家精神

"从我过去 30 多年经营企业的经历看,没有任何一项技术创新不会带来回报。那些失败的创新,更是宝贵的启发和经验,往往在实践中会带来更多回报。因此,永远不要轻易定义失败。"

"对于人工智能还存在一些争议,站在企业的角度我们会更乐观一些,只要它在一些领域的应用中有价值,我们就会继续求索。"

"'走出去'是个老话题,当下面临一些新困扰。但不管怎么难,我们都会不断努力向前走。"

……

博鳌亚洲论坛 2024 年年会上,来自企业家群体的声音,为面临挑战和不确定性的世界经济和中国经济,注入信心与力量。

世界百年变局加速演进,全球贸易投资增长乏力,新一轮科技革命和产业变革重塑世界经济结构。中国发展也面临新的挑战和机遇。

企业家是经济活动的重要主体，企业家精神是经济发展的重要源泉。对于当下中国，企业家和企业家精神意义何在？

习近平总书记指出，我们全面深化改革，就要激发市场蕴藏的活力。市场活力来自于人，特别是来自于企业家，来自于企业家精神。

虽然人们对于企业家精神特质的概括不尽相同，但创造、创新与进取的内核无疑是普遍共识。

"民营企业家圆桌""实体经济的突围""AIGC改变世界"……博鳌亚洲论坛2024年年会上，一场场热烈的讨论，聚焦转型和创新、挑战和机遇，闪耀着企业家精神的熠熠光辉。有与会者提出，敏感、敏锐、敏捷正是企业家所展露出的特点。

——保持敏感。

日趋严重的贸易碎片化将给全球经济尤其是发展中国家经济带来冲击，深刻洞察变化与挑战，企业家要成为支持经济全球化、维护市场经济、支持自由贸易的坚定力量。

——保持敏锐。

中国经济转型的关键期，也是决定很多中国企业能否持续发展的关键期。大浪淘沙，只有那些具备前瞻性眼光、拥有核心竞争力的企业，才会拥有更大的发展空间。

——保持敏捷。

在新一轮科技革命和产业变革背景下，迅速追踪前沿的行动力显得更为重要。加快创新驱动转型、绿色低碳转型、数字智慧转型、共享融合转型，企业家要做当之无愧的引领者。

在市场经济的制度环境下，企业家精神是经济社会发展重要的自变量，是资源优化配置、技术不断进步、经济保持增长的"动力机"。

回顾改革开放40多年历程，一大批优秀企业家在市场竞争中迅速成长，一大批具有核心竞争力的企业不断涌现，为积累社会财富、创造就业岗位、推动科技创新、促进经济社会发展作出重要贡献。

"沧海横流，方显英雄本色"。既前瞻又务实，既强调经济效益，又注重社会责任。中国企业家的格局与行动力，令人动容——

中国数字经济规模稳居全球第二，中国企业挺进全球5G专利排行榜前十，2023年中国电动汽车、锂电池、光伏产品"新三样"出口增长近30%……"成绩单"背后，凝聚着中国企业家的坚韧、勇敢和拼搏。

发展新质生产力、实现高质量发展，推动中国式现代化建设，中国更加需要企业家精神。今年的政府工作报告指出，弘扬优秀企业家精神，积极支持企业家专注创新发展、敢干敢闯敢投、踏踏实实把企业办好。

博鳌亚洲论坛 2024 年年会上，传递出持续优化营商环境、激发各类经营主体活力的决策导向 ——

国家外汇管理局副局长徐志斌说："我们要通过实实在在的行动，让经营主体有更多的获得感、安全感，也通过这样的场合，倾听大家的意见建议，不断地解释我们的政策和做法，进一步改善相关监管模式和服务。"

经济学家吴晓求说："把企业家的信心稳定下来，关键要靠完善的法治，靠坚守符合现代市场经济的制度。"

……

直面挑战，拥抱变革，步履不停。博鳌亚洲论坛 2024 年年会上，中国企业家的心声让我们有理由对中国经济充满信心：企业家将以智慧和行动，汇聚满足人民福祉和社会进步的正能量，创造中国经济发展的光明前景。

（新华社海南博鳌 2024 年 3 月 28 日电　新华社记者安蓓、王晖余）

空中快线连系"山海情"

重庆江北国际机场，一条通往山东的"快线"引人注目，乘客可享受专属值机柜台、优先安检等便捷安排，名为"渝鲁快线"。

这条空中快线去年底开通，每日最多7个航班，含早中晚各时段。今年以来，"渝鲁快线"已运行2086班次，运输旅客28万人。山东航空重庆分公司工作人员徐本辉说："近年来，两地交流愈发密切，从航班数可见一斑。"

一个是西南山城，一个是滨海齐鲁。这两个省市缘何"牵线"？

这背后是渝鲁两地长达数十年的对口帮扶情谊，更反映出中国庞大的市场空间、巨大的回旋余地和独特的市场优势。

1994年，山东对口支援三峡库区忠县，拉开渝鲁正式交往序幕；2010年以后，山东累计拨付财政援助资金超50亿元，实施各类帮扶项目2729个，对口协作重庆14个区县，助力完善基础设施、发展产业经济，支持重庆脱贫攻坚事业。

脱贫攻坚取得全面胜利后，渝鲁合作仍在深入，"渝鲁快线"即是见证。

家在淄博的徐渝栋是渝鲁航线常客。两年前，他被单位派驻到重庆石柱，瞄准当地特色农产品"天麻"，先后争取山东两笔协作资金共450万元，支持当地天麻生产企业现代化提升改造。

"脱贫不是终点，而是新起点。"徐渝栋说，要把发展产业作为巩固拓展脱贫成果的关键，培育当地优势产业。

抓住新时代西部大开发、乡村振兴、优化生产力布局等战略机遇，山东与重庆强化产业协作，自2016年以来，新增引导348家企业落地重庆，带动5万余名农村劳动力就地就业。

进一步巩固拓展脱贫攻坚成果，推进乡村全面振兴，不仅经济上要出力，也要在人才、科技等领域使劲，增强重点帮扶区县的内生发展动力……山东、重庆走出具有渝鲁特色的高质量发展之路。

阳春三月，李花盛开。洁白花蕊下，中国农业大学烟台研究院教授冯钢铭正忙于巫山脆李矮化项目。"如能将烟台矮化大樱桃的新技术'移植'给巫山脆李，有利于果农提高效益。"他说。

重庆巫山地处三峡库区腹心，良好生态孕育出脆李等特色农产品，但落后的农业技术限制了当地农业高质量发展。2019年，山东、重庆共建烟台（巫山）博士工作站，引入

120余位专家博士流动驻站，让巫山特色农业接轨高校最新科技成果。截至目前，工作站累计引进果蔬新品种36个，培训技术人才千余人。

"工作站是我们科研人员另一个'家'。"冯钢铭说，"'快线'让我们'通勤'更加便捷，也为两地经济、科技和文化交流打通快速通道。"

长久的交流协作，需要依靠"共赢"。两地不断完善协作机制，推动渝鲁协作从"资金帮扶"转向"战略协作"，从"帮扶不停"转向"双向协作"。利用东部地区的区位、市场等优势，释放西部地区经济增长潜力，区域发展协同性不断增强。

走进壹秋堂夏布坊，夏布服饰、夏布折扇、夏布饰品……不同款式的夏布产品琳琅满目。2021年，烟台海翔对外贸易有限公司与石柱壹秋堂非遗工坊签订产业合作协议，为工坊生产的手工艺品寻找销售渠道，推动重庆非遗产业与国际市场接轨。

该公司董事长、总经理郑晓平成了渝鲁航线常客，他说："重庆有手艺，我们有市场，这是双赢。"

2023年，渝鲁两地继续加强医疗、农技等领域人才交流，互相选派专业技术人才1433名，培训乡村振兴干部、专业技术人才近2万人次，带动两地人才技术互学、观念互通、作风互鉴。

山东省宏观经济研究院战略规划所所长刘德军说:"相较于东部省份,重庆等西部地区在资源、土地等方面有更大空间,产业承载力强,合作为双方新旧动能转换和经济高质量发展提供更多可能性。"

一条快线,连系西南山城和沿海之滨的"山海情",也是我国东西部区域合作、整体联动的"缩影"。"渝鲁快线"的故事启示我们,在党中央关于区域协调发展战略指引下,各地的交流合作将不断加深,形成梯次发展的强大后劲,进一步为中国经济打开空间、释放潜力。

(新华社北京 2024 年 3 月 30 日电 新华社记者刘梓桐、张武岳、周思宇)

中国经济增长潜力几何？如何看待中国物价运行态势？如何防范化解地方债务风险？中国制造如何保持竞争力？促进青年就业如何打开新空间？……

全国两会时间，中国经济备受关注。2024年3月5日至11日，新华社推出"两会中国经济问答"系列报道一组九篇，直面海内外对中国经济运行的关切问题，广泛采访代表委员、专家学者和会外各界人士，深入浅出剖析怎么看、怎么办，帮助广大干部群众更好把握中国经济运行的大逻辑，增强对中国经济行稳致远的信心和实干苦干的斗志。

专题一

两会中国经济
九问九答

中国经济增长潜力几何？
——两会中国经济问答之一

全国两会时间，中国经济备受关注。去年，中国经济总体回升向好，但一些外媒鼓噪中国经济潜力"见顶"、增长"达到顶峰"的杂音不断。

中国经济真的见顶了？

"国内生产总值增长5%左右"，5日提请审议的政府工作报告，亮出新一年预期目标，和去年经济增速预期目标相同，恰是对"见顶论"的有力回击。

透视增长目标："5%左右"展现进取心

面对外部环境更趋复杂严峻、国内经济多重困难交织叠加的局面，为何仍将增长目标设定在5%左右？

政府工作报告作出说明：考虑了促进就业增收、防范化解风险等需要，并与"十四五"规划和基本实现现代化的目标相衔接，也考虑了经济增长潜力和支撑条件。

"5%左右的经济增长,是经过奋斗可以实现的目标,展现了中国政府积极进取、奋发有为的状态。"北京大学经济与管理学部主任周黎安委员说,这一目标有利于提振信心、引导预期,更好凝聚发展共识。

增速目标,是国家经济发展的重要指引。记者梳理发现,2003年至2023年,我国除突发疫情等特殊年份未设定经济增速具体目标外,其余年份都设定了目标,并较好实现了发展任务。

这些年,中国经济并非顺风顺水,而是一路攻坚克难。

2003年非典疫情,2008年汶川地震、国际金融危机,2020年新冠疫情暴发……风雨兼程中,中国不仅没有成为外媒所说的"下一个崩溃的经济体",反而顶压前行,保持经济持续增长,并为世界经济注入动力。

唱衰中国的论调,在事实面前反复碰壁。

过去10年,中国经济增长不断爬坡过坎:2014年GDP突破60万亿元,2017年突破80万亿元,2020年迈过百万亿元"里程碑";在疫情冲击大背景下,也接连突破110万亿元、120万亿元大关。

过去一年更是最新例证。

2023年,中国经济增长5.2%,按可比价计算,对应的经济增量超6万亿元,放在10年前,需要超过10%的增速才能实现。纵向比较,5.2%的增速快于疫情三年4.5%的平均增速;横向比较,快于美国2.5%、欧元区0.5%、日本1.9%

的经济增速，对世界经济增长贡献率有望超过 30%。

中国经济仍是全球经济增长重要引擎。西班牙《经济学家报》网站近期报道说，不少人的目光集中在中国 GDP 增长放缓上，但数据背后却隐藏着更有希望的一面：这个"亚洲巨人"仍以每年 5% 左右的速度增长，如果这种趋势持续下去，中国人均 GDP 将会惊人地增加。

"一个超大型经济体能够持续中高速平稳增长，无论如何都不能被扣上'见顶'的帽子。"中国科学院科技战略咨询研究院院长潘教峰代表说。

读懂经济大势：中国中长期增长潜力何在？

相比于短期增速，外界更关心中国经济中长期发展态势。美西方一些人士声称"中国经济增长乏力""中国繁荣接近尾声"，事实究竟如何？

肯德基中国门店规模突破 10000 家、空中客车在欧洲之外首个飞机全生命周期服务项目在成都投入运营……外资企业等用实际行动表达对中国市场的看好。

中国美国商会报告显示，2024 年约半数受访企业将保持在华投资规模不变，近四成计划在华增资。中国欧盟商会调查显示，59% 的受访企业将中国视为三大主要投资目的地之一。

投资，通常考虑的是中长期因素。外资动向凸显对中国经济中长期发展的信心。正如宝洁公司董事长兼首席执行官詹慕仁所言，市场上的挑战是暂时的，"中国的长期机遇依然存在"。

单就增速看，相比前些年的高增长，中国经济增速确实有所放缓。伴随中国经济转入高质量发展航道，强调"质"的有效提升和"量"的合理增长，不再"以GDP论英雄"，经济换挡减速但并未失速。

潜在增长率被广泛应用于分析研判一国经济发展的中长期趋势。国内多家机构研究表明，现阶段中国潜在增长率在5%至6%，经济稳定增长有内在支撑。

国家统计局副局长盛来运分析，从过去"亚洲四小龙"等追赶型经济体以及高收入国家发展历程看，人均GDP介于1.2万美元到2万美元之间时，经济发展潜力持续释放。目前，中国经济正处于增长潜力持续释放阶段。

"中国经济处于稳步复苏期和结构调整关键期，内生动能充足，持续增长潜力很大，不存在经济增长'见顶'。"清华大学五道口金融学院副院长田轩代表说，关键是要集中精力办好自己的事，有效应对风险挑战。

从决定潜在增长率的要素条件看，经过多年发展积累，我国要素资源更为丰富，为中国经济抵御冲击提供重要支撑。

我国是全世界唯一拥有联合国产业分类中全部工业门类的国家，制造业增加值占全球比重约30%；是全球第二大商品消费市场、第一大网络零售市场；人才资源总量、科技人力资源、研发人员总量均居全球首位……

"制度优势""需求优势""供给优势""人才优势",政府工作报告对中国经济基本面作出诠释,指出"中国发展必将长风破浪、未来可期"。

"为什么唱衰中国经济者一错再错?究其原因,在于其对中国经济强大韧性和发展规律存在认知偏差与误区。"中国社会科学院副院长王昌林委员说,中国是一个大型经济体,中国特色社会主义制度在应对重大风险和挑战方面具有独特优势,中国经济具有很强的抗冲击能力和自我稳定、自我修复能力。我国向高质量发展转变的关键时期,难免遇到各种问题挑战,甚至会经历必要的阵痛,但中国经济发展有底气、有优势、更有机遇,长期向好的趋势不会改变。

释放增长潜能:提振信心实干为先

龙年春节假期,中国消费市场活力绽放:国内旅游出游4.74亿人次,按可比口径较2019年同期增长19%,春节档电影票房突破80亿元,创同档期纪录。

新加坡《联合早报》网站近期以《春节消费滚烫 中国经济就此红火?》为题,援引专家观点指出,中国经济在经历了一年的疫后修复后,正站在信心转折点上。

当前,中国经济发展确实面临一些困难挑战:

世界经济增长动能不足,外部环境的复杂性、严峻性、不确定性上升；国内有效需求不足，部分行业产能过剩，社会预期偏弱，部分中小企业经营困难，就业总量压力和结构性矛盾并存。

但总体判断：战略机遇和风险挑战并存，中国经济发展有利条件强于不利因素。

"中国经济的光明前景不是算出来的，而是干出来的。"周黎安委员说，要紧紧抓住有利时机、用好有利条件，多做有利于提振信心和预期的事，努力将发展潜力转化成发展实力。

翻开政府工作报告，"大力推进现代化产业体系建设，加快发展新质生产力"置于今年十大工作任务之首。

"这是中国经济激发潜力、重塑动能的关键之举。"传化集团董事长徐冠巨代表说，要坚持以实体经济为根基，以科技创新为核心，以产业升级为方向，加快培育新质生产力，为中国经济高质量发展注入强劲推动力。

深入实施科教兴国战略，着力扩大国内需求，坚定不移深化改革，有效防范化解重点领域风险，切实保障和改善民生……努力完成全年目标任务的"施工图"脉络清晰。

"我们要振奋精神，真抓实干，力争各项工作尽快取得实效。"吉林省白城市市长杨大勇代表说，要着眼企业和群众期盼，以实干推动中国经济持续向好、行稳致远。

（新华社北京 2024 年 3 月 5 日电　新华社记者陈炜伟、严赋憬、谢希瑶、段续、岳德亮）

如何看待中国物价运行态势？
——两会中国经济问答之二

去年以来，中国物价涨幅持续低位运行，引发了一些人对中国陷入通货紧缩的担忧。如何看待中国物价运行态势？中国经济真的陷入通缩了吗？

全国两会期间，记者采访多位全国人大代表、全国政协委员和权威专家，分析这一问题，回应外界关切。

物价低位运行意味着通缩吗？

自去年10月份以来，居民消费价格指数（CPI）同比持续下降，至2024年1月份同比下降0.8%。与此同时，全国工业生产者出厂价格指数（PPI）延续下降态势。

物价低位运行，引发一些关于中国经济会否陷入通缩的担忧声音。

判断是否陷入通缩，首先要厘清概念。经济学上通常认为，通缩主要指价格持续负增长，货币供应量也具有下降趋势，且通常伴随经济衰退。这就既要看物价运行之"形"，也要观货币供应之"态"，更要察经济发展之"势"。

——物价运行：总体低位，保持温和上涨态势。

根据5日提请审议的政府工作报告，2023年全年，中国居民消费价格上涨0.2%。这一数据与主要发达经济体饱受高通胀困扰形成鲜明对比。

全国政协委员、南方科技大学副校长金李表示，去年，剔除波动较大的食品和能源价格的核心CPI同比上涨0.7%，表明我国工业消费品以及服务消费供需总体稳定。PPI同比降幅也从去年6月份的最高下降5.4%，收窄至2024年1月份的下降2.5%。

去年以来，我国物价月度水平始终在合理区间温和波动。2024年1月份，CPI环比上涨0.3%，已连续两个月上涨。

——货币投放：总量适度、节奏平稳。

截至2024年1月末，中国广义货币（M2）余额为297.63万亿元，同比增长8.7%。在去年同期高基数背景下，保持了合理增速。

社会融资规模是比较全面反映金融支持实体经济的总量性指标。1月份，中国社会融资规模增量为6.5万亿元，比上年同期多5061亿元。

——经济发展：总体回升向好。

2023年，中国经济总体回升向好，国内生产总值增长

5.2%，经济增速快于疫情三年4.5%的平均增速，也明显快于美国2.5%、欧元区0.5%、日本1.9%的经济增速，是全球经济增长重要引擎。

2024年以来，中国制造业采购经理指数、中小企业发展指数等指标较去年12月份有所回升。国际货币基金组织（IMF）日前上调了今年中国经济增长预期，为中国经济投下"信任票"。

"通缩往往是经济运行中结构性问题长期积累的结果，判断通缩不应仅盯一两个价格指标。"全国人大代表、福建社会科学院副院长黄茂兴说，整体上看，中国没有出现通缩，更不存在通缩外溢，所谓"中国经济通缩"完全是个伪命题。

荷兰国际集团（ING）前不久发布报告指出，关于中国通缩的讨论被外界夸大，1月份中国整体CPI和核心CPI环比均上涨，反映中国未陷入"通缩螺旋"。

"我们预计中国不会出现整体通缩趋势。"IMF第一副总裁吉塔·戈皮纳特不久前表示。

物价涨幅低位运行原因何在？

物价关系经济运行，影响百姓生活。当前，中国物价涨幅低位运行是多重因素共同作用的结果。

"疫情防控平稳转段后，国内生产加快恢复，物流保持通畅，产品供给充足，但需求受预期不稳、收入分配分化等因素制约，恢复需要一定时间。"中国价格协会副会长许光建说，供需恢复时间差是物价走低的主要因素。

金李委员表示，2022年因乌克兰危机等导致粮食和能源价格较高，使得2023年CPI涨幅在数据上相对较低。此外，猪肉价格在中国CPI中占有较高权重，受生猪和猪肉供应充裕，叠加猪肉消费不旺影响，国内猪价持续走低，拉低了CPI涨幅。

输入性因素也对我国物价产生影响。疫情之后，为了应对高通胀，美欧主要央行快速、高强度调整货币政策，美欧的CPI同比涨幅已经由前期10%左右的高点回落至目前的3%左右。"发达经济体的通胀水平快速超预期下跌，对中国价格水平带来影响。"中国人民银行行长潘功胜说。

摩根士丹利中国首席经济学家邢自强表示，中国物价走低或将对全球贸易品价格产生一定正面溢出效应，有助于缓解部分经济体为应对高通胀所采取的超常规刺激政策"后遗症"。

受访专家一致认为，造成当前中国物价低位运行的因素主要是阶段性、周期性和季节性的，并非趋势性的，不宜夸大其影响。

今年政府工作报告将全年居民消费价格涨幅预期目标定在3%左右。根据5日提请审查的计划报告，设定这一目标，主要考虑是综合分析2023年价格变动的翘尾影响和2024年新涨价因素，预计2024年居民消费价格将温和上涨。

"这一预期目标与去年预期目标保持一致，符合国内物价企稳回升的总体趋势，并为加大宏观政策调控力度和深化价格改革留有一定余地。"全国人大代表、辽宁大学校长余淼杰说。

如何防范通缩风险？

受访代表委员和专家表示，国内物价低位运行虽然是暂时性的，但也要警惕和防范通缩风险，积极有效破解国内有效需求不足、部分行业产能过剩等问题。

——强化宏观政策调控。

政府工作报告指出，保持流动性合理充裕，社会融资规模、货币供应量同经济增长和价格水平预期目标相匹配。

"保持流动性合理充裕是防范通缩风险的有效措施。今年政府工作明确促进社会综合融资成本稳中有降，有望进一步激发实体经济有效需求，提升居民消费和投资意愿。"上海金融与发展实验室主任曾刚说。

积极的财政政策要适度加力、提质增效；稳健的货币政策要灵活适度、精准有效；把非经济性政策纳入宏观政策取向一致性评估……今年政府工作报告中的多项部署，强化了政策统筹，确保同向发力、形成合力。

——推动形成消费和投资相互促进的良性循环。

全国政协委员、中央党校（国家行政学院）教授韩保江说，当前，防范通缩风险，关键是要扩大国内需求，释放超大规模市场潜力活力，增强抵御外部输入性风险的能力和底气。

政府工作报告在部署今年工作任务时指出，把实施扩大内需战略同深化供给侧结构性改革有机结合起来，更好统筹消费和投资，增强对经济增长的拉动作用。

优化消费环境，开展"消费促进年"活动，实施"放心消费行动"；深化国际消费中心城市培育建设；高质量推进增发国债项目建设；实施政府和社会资本合作新机制，鼓励民间资本参与重大项目建设……政府工作报告和计划报告为今年着力扩大国内需求谋划重点。

"随着系列扩内需政策部署落实到位，更好发挥投资对优化供给结构的关键作用，推动国内消费结构提质升级，国内经济循环将进一步畅通。"全国政协委员、中国社科院工业经济研究所党委书记曲永义说。

世界银行副首席经济学家兼预测局局长阿伊汗·高斯表示，当前中国所采取的一系列政策十分正确，在短期内可以增强消费者信心、提振消费，并通过坚定的改革提升长期的经济增长潜力。

（新华社北京 2024 年 3 月 6 日电　新华社记者魏玉坤、吴雨）

中国如何防范化解地方债务风险？
——两会中国经济问答之三

一段时间以来，一些外媒炒作中国地方债务风险问题，认为这将影响中国经济发展。如何看待当前地方债务和风险水平？地方债务风险化解有哪些具体举措和长效机制？

今年的政府工作报告、预算报告和计划报告均围绕防范化解地方债务风险作出多项部署。全国两会期间，就这一话题，记者深入采访多位代表委员和专家学者。

如何看待地方债务？风险水平几何？

一些西方媒体报道称，"地方债务不断攀升、风险不可控"成为中国经济增长面临的拖累因素，制约中国经济向好发展。

实际上，在不少专家和业内人士看来，债务本身是中性的。政府适度举债，能够弥补建设资金不足，也是国际通行做法，无需谈"债"色变。

放眼全球，由于疫后全球经济增长放缓、经济前景不确定性增加，很多国家选择通过财政政策发力，为经济恢复增长提供支撑。总部位于美国的国际金融协会不久前发布的报告显示，2023年全球债务水平达到313万亿美元，再创历史新高。

就我国而言，作为积极的财政政策的重要工具之一，近年来，我国地方政府专项债券发行力度也进一步加大。

今年的预算报告明确，新增地方政府专项债务限额39000亿元，比上年增加1000亿元，支持地方加大重点领域补短板力度。

"规模合理、支出有效的债务反而能够促进经济发展。"中国社会科学院财政税收研究中心主任杨志勇说。

辩证认识"债务"，再来客观看待"风险"。

根据今年的预算报告，截至2023年末，我国地方政府债务余额约40.74万亿元，包括一般债务余额约15.87万亿元、专项债务余额约24.87万亿元，控制在全国人大批准的债务限额以内。

按照2023年GDP初步核算数测算，截至2023年末，我国政府法定负债率为56.1%，低于主要市场经济国家和新兴市场国家。

地方债务风险总体可控——这是基于大势的客观判断。

去年11月，中国人民银行行长潘功胜在接受新华社记者采访时表示，关于地方政府债务问题，我国政府债务水平在国际上处于中游偏下水平。中央政府债务负担较轻，大部分地方债务水平也不高,并有较多资源和手段化解债务。

虽然风险总体可控,但局部风险和隐性债务风险犹存,这也是近年来地方债务风险备受各界关注的原因。

去年6月发布的第十四届全国人民代表大会财政经济委员会关于2022年中央决算草案审查结果的报告指出,一些地方市县债务风险较高,新增隐性债务仍有发生。

"近年来,在疫情冲击、房地产市场调整等多重因素影响下,地方财政收支运行面临压力,一些地方偿债压力加大,隐性债务风险仍然不容忽视,也引起有关方面的高度重视。"全国人大代表、厦门国家会计学院教授黄世忠说。

风险化解有哪些真招实招?

给地方债务戴上"紧箍咒",经济社会发展就多一道"安全阀"。

坚持"开前门"和"堵后门"并举,对地方政府债务实行限额管理,在多地开展全域无隐性债务试点,通报隐性债务问责典型案例……近年来,我国积极出台一系列政策措施,不断健全完善地方政府法定债务管理,积极稳妥化解地方政府隐性债务风险。

相较于法定债务,近年来地方隐性债务更加受到关注。在地方财政收支运行持续面临压力的形势下,市场对于隐性债务不乏担忧。

"近年来，地方隐性债务规模增速总体放缓，但规模仍然较大，特别是部分地方债务压力不断增大，县市级地方政府债务尤为突出。"2022年12月，中央财办有关负责同志就中央经济工作会议精神和经济热点问题作深入解读时指出。

"严控新增隐性债务""制定实施一揽子化债方案""建立防范化解地方债务风险长效机制""统筹好地方债务风险化解和稳定发展"……2023年，从中央政治局会议，到中央金融工作会议，再到中央经济工作会议，一系列政策信号密集释放。

财政、金融、地方协同发力——

2023年，财政部在地方政府债务限额空间内安排一定规模的再融资政府债券，支持地方特别是高风险地区化解隐性债务和清理政府拖欠企业账款等，缓释到期债务集中偿还压力，降低利息支出负担。

金融管理部门积极行动，引导金融机构通过展期、借新还旧、置换等市场化方式化解融资平台债务风险，并依法维护金融机构合法权益。

压实地方责任。按照"省负总责，市县尽全力化债"的原则，各地立足自身努力，统筹各类资源，制定化债方案，逐项明确具体措施。

"制定实施一揽子化解地方债务方案，分类处置金融风险，守住了不发生系统性风险的底线。"今年的政府工作报告在回顾2023年工作时指出。

财政部部长蓝佛安3月6日在十四届全国人大二次会议经济主题记者会上介绍，经过各方面协同努力，地方债务风险得到整体缓解。地方政府法定债务本息兑付有效保障，隐性债务规模逐步下降；政府拖欠企业账款清偿工作取得积极进展，地方融资平台数量有所减少。

"进一步落实一揽子化债方案"——今年的政府工作报告、预算报告和计划报告都强调了这一部署。

全国人大代表、广东省肇庆市市长许晓雄表示，围绕更好统筹发展与安全，我国不断加大化债支持力度，推动制定一揽子化债方案等有力举措，抓紧抓实地方债务风险化解工作，为经济社会发展营造更加安全稳定的环境。

如何建立长效机制防范化解风险？

防范化解地方债务风险，要着眼当前，更要关注长远，堵疏并举，标本兼治。

"完善全口径地方债务监测监管体系""健全防范化解隐性债务风险长效机制""分类推进地方融资平台转型"……今年的政府工作报告、预算报告、计划报告明确了多项举措，着力建设防范化解风险的长效机制。

"去年以来，一系列化债举措取得积极进展，为经济社会进一步发展打下了基础。巩固成果，还需从长效机制治理债务。"粤开证券首席经济学家罗志恒说。

在黄世忠代表看来，要进一步通过改革，着力均衡中央和地方的事权和财权，为控制地方债务规模、降低地方债务风险夯实财税基础。

"建立同高质量发展相适应的政府债务管理机制"——政府工作报告、预算报告、计划报告均提及这一部署。

中国社会科学院金融研究所所长张晓晶说，既要充分发挥政府债务在经济社会发展中的能动作用，又要防范化解政府债务风险，提升财政可持续性，推动政府债务与经济发展的良性循环。

"化债要与经济高质量发展有机结合。债务风险问题从根本上要靠发展来解决。"杨志勇说，坚持推动高质量发展，地方债务风险防范化解的经济基础就会进一步夯实。

在高质量发展中化解地方债务风险，是方向，更是方法。

国内生产总值增长5%左右；城镇新增就业1200万人以上；大力推进现代化产业体系建设，加快发展新质生产力；从今年开始拟连续几年发行超长期特别国债……今年的政府工作报告提出一系列发展预期目标和政策部署。

全国政协委员、北京大学经济与管理学部主任周黎安认为，中国经济长期向好态势不会变，宏观经济调控空间足、政策工具箱充足，财政统筹能力强于大多数西方国家。"这些都将成为防范化解风险、应对挑战的条件和底气。"

（新华社北京2024年3月6日电　新华社记者申铖、张千千、吴涛）

应对现实挑战，中国制造如何保持竞争力？
——两会中国经济问答之四

制造业是中国经济的基石。去年以来，我国工业经济回升向好，但面对异常复杂的国际形势、"脱钩断链"的外部挑战，有关"产业链外迁""中国制造优势不再"等声音不断。

5日提请审议的政府工作报告中，"大力推进现代化产业体系建设，加快发展新质生产力"位列2024年政府工作任务首位，释放了坚定筑牢实体经济根基的鲜明信号。

从报告亮出的新目标新举措，到代表委员、专家学者等带来的案例故事和专业解读，再到记者在一线的采访调研，让我们对中国制造保持竞争力，实现稳健发展有了更加清晰的理解认识。

面对变局，底气足韧性强

复杂严峻的外部环境下，中国制造业企业走势备受关注。

"我们实现工业机器人控制器、伺服系统等国产化,正加快出海交付速度,提升国际市场占有率。"沈阳新松机器人自动化股份有限公司总裁张进代表用自身案例表明,在发达国家争相布局的机器人领域,把核心技术握牢、产业链做全,"即便风起云涌,也能稳步向前"。

这是企业搏击市场的写照,也是中国制造应对挑战的缩影。

过去一年,国际环境风高浪急。地缘政治、大国竞争等冲击越发明显,发达国家制造业回流,墨西哥、东南亚等地经济快速发展,竞争不断加剧。这些是客观存在、不应回避的现实。然而,唱衰中国制造、唱衰中国经济的论调混杂其中,是需要作一番辩证分析的。

应对挑战、攻坚克难,中国制造产业规模、贸易规模实现了量的合理增长,保持市场份额的整体稳定。

据相关部委负责人在"部长通道"上介绍,2023年,我国全部工业增加值接近40万亿元,占GDP的31.7%。制造业规模连续14年居世界第一。

"现代化产业体系建设取得重要进展""一批重大产业创新成果达到国际先进水平"……政府工作报告的一系列表述,凸显出大国制造的坚实步伐。

真的出现了如外媒所称的"产业链转移潮"吗?

不可否认,受成本等因素影响,一些劳动密集型商品的生产转移到其他国家。然而，由于中国已深度嵌入全球价值链分工，以至于不少公司撤出中国又回来，或仍需从中国进口大量中间产品。

"既不能以偏概全，将个别环节视为整体趋势，也要看到这其中产业发展的客观规律，我们的产业正在转型升级中重塑竞争力。"泰和新材集团股份有限公司董事长宋西全代表以纺织业举例说，虽然个别加工环节转走，但整体附加值正在提升。2023年，我国高性能纤维产能占全世界的比重超过三分之一，2023年出口额同比增长14.4%。

权威部门数据显示，当前在500种主要工业产品中，我国有四成以上产品产量位居全球第一，个人计算机、手机、太阳能电池板等一批重要产品产量占全球一半以上。制造业规模占全球比重超过30%。

先进制造业加快发展，将高技术制造业产业链进一步聚集。45个国家先进制造业集群、178家国家高新区纵横铺设，聚链成群。去年，体现产业配套和集成能力的装备制造业出口13.47万亿元，"新三样"产品出口突破万亿元。

"以中国新能源汽车为例，畅行世界靠的是技术、质量和高效协同的产业链。"长安汽车董事长朱华荣代表说，结构升级正成为制造业另一个重要竞争力。

"脱钩断链"冲击了我国在全球产业链供应链的地位吗？中国制造同样自信作答——

拥有联合国产业分类中全部工业门类；在一些重点领域和关键赛道上形成一批具有全产业链竞争力的优势产业；已培育专精特新"小巨人"企业1.2万家，90%以上是国内外知名大企业的配套供应商。

特斯拉上海超级工厂，零部件本土化率超过95%。特斯拉公司制造副总裁宋钢说，特斯拉与中国供应商"同生共赢"。

西班牙环球网站发文称"中国制造的数千种基础产品不可能找到替代供应商"。中国德国商会不久前发布的2023/24年度德企商业信心调查报告显示，过半受访企业计划在今后两年增加在华投资，原因之一是供应链完善、创新力提升。

"我们拥有完整的产业体系、庞大的市场规模等优势，制造业长期向好的基本面依然稳固。"中国电子信息产业发展研究院院长张立代表说，这是中国制造的底气所在、韧性所在。

应对挑战，保持"稳"的定力

守住既有优势，要保持"稳"的定力。面对全球产业链供应链格局深度调整，大国制造将怎样以"稳"应变？

——先要体量稳。"保持工业经济平稳运行"，政府工作报告释放了稳增长的政策信号。

工业和信息化部部长金壮龙在8日举行的十四届全国人大二次会议"部长通道"上表示，今年将深入实施十大行业稳增长工作方案，鼓励工业大省、工业大市"勇挑大梁"。

传统产业在制造业占比超80%，是现代化产业体系的基底，关系经济发展和国计民生，是我国保持全球第一制造业大国地位的基本盘，不能把传统产业当成"低端产业"简单退出。报告明确一系列部署，旨在促进传统产业的改造提升。

通过传统产业结构调整，老工业基地抚顺焕发新生机。抚顺市市长高键代表说，正在打造国家级高附加值新型原材料基地，谋划新优势。

——还要体系全，保持好产业体系的完整。

2023年，广西壮族自治区百色市新型生态铝产业产值突破1200亿元，立足铝土矿资源丰富特点，形成从铝资源到精深加工的完整产业链。

报告提出"提升东北和中西部地区承接产业转移能力"，并对培育壮大先进制造业集群等作出部署。"这将进一步推动形成区域合理分工、联动发展的产业格局。"百色市市长葛国科代表说，百色正全力推进中国—东盟产业合作区百色片区建设，打造承接国内外产业转移高地。

——更要链条强，增强产业竞争力。

工业和信息化部表示，将大力实施制造业重点产业链高质量发展行动。一链一策，补短板、锻长板、强基础，增强产业链供应链韧性和竞争力。

"今年，我们将全面取消制造业领域外资准入限制措施，也准备试点开放互联网数据中心等增值电信业务。"金壮龙说。

抓住机遇，发展新质生产力

处在向中高端爬坡过坎的重要关口，中国制造要加快形成新质生产力。

政府工作报告鲜明提出"充分发挥新型举国体制优势，全面提升自主创新能力"。从"强化基础研究系统布局"到"支持有实力的企业牵头重大攻关任务"，报告提出一系列举措。

中试，产品从研发到生产的必经之路。由于投入较高，不少企业缺乏中试能力。聚焦这一"痛点"，报告明确"加快重大科技基础设施体系化布局，推进共性技术平台、中试验证平台建设"。

工业和信息化部今年将继续实施好科技重大专项和重点研发计划，建设一批国家制造业创新中心，发展高科技，实现产业化，加快发展新质生产力。

聚焦新兴产业、未来产业，培育更多新赛道。

"积极打造生物制造、商业航天、低空经济等新增长引擎""开辟量子技术、生命科学等新赛道""创建一批未来产业先导区"……报告围绕积极培育新兴产业和未来产业，举措实、部署细。

"赢得发展先机，争夺技术高地势在必行。"武汉高德红外股份有限公司董事长黄立代表说，今年企业要在低空经济、脑机接口等领域发力。

工业和信息化部负责人表示，将加快前沿技术和共性技术供给、培育优势企业、完善产业生态。在未来产业方面，把通用人工智能、人形机器人、脑机接口等作为下一步重点布局的方向。定期发布前沿技术推广目录，围绕重点领域打造应用试验场，加快产业培育。

抓住数字机遇，加速"人工智能+"。

我国建成全球规模最大的信息通信网络，算力规模全球第二，广泛深刻的数字变革是制造业升级的最有力抓手之一。

"以'数'谋'新'和加'数'向'实'是产业转型的必然，也是构筑发展新优势的关键。"中兴通讯股份有限公司高级副总裁苗伟代表说，用好新型生产工具，有信心立足基础、抢抓机遇、加快发展。

（新华社北京 2024 年 3 月 8 日电　新华社记者张辛欣、王悦阳）

如何增强民营企业"获得感"?

——两会中国经济问答之五

近年来,针对民营经济发展中遇到的困难和挑战,从中央到地方,切实坚持"两个毫不动摇",相关支持政策密集出台,为民营企业发展提供强大助力。然而,也有一些声音说"国进民退""中国民营企业家躺平""民营企业获得感不强"。

对此,到底应该怎么看?民营企业发展"痛点""难点"在哪?如何进一步支持民营企业健康持续发展?全国两会期间,记者就这些问题采访了代表委员和有关人士。

"解渴""喊渴"并存,当前民营企业获得感如何?

2023年以来,中国经济逐步走向复苏,呈现出波浪式发展、曲折式前进的过程。

利亚德集团董事长李军回忆,去年年初,企业曾预期随着疫情防控平稳转段,市场会快速回暖,提前储备了人才和生产资料。但从实际情况看,经济复苏是一个过程,并非一蹴而就。

为巩固经济回升向好态势，促进民营经济发展壮大，2023年7月，《中共中央 国务院关于促进民营经济发展壮大的意见》发布。按照中央部署，从减税降费到普惠金融，从改善民营企业融资环境到调动民间投资积极性……各地各部门出台系列政策举措，涵盖促进民营企业发展的各个方面。

"去年在企业比较困难的时候，直达的减税降费政策带来实实在在的帮助。"全国人大代表、福建盼盼食品集团总裁蔡金钗给记者算了一笔账：包括研发加计扣除、出口退税等，去年盼盼食品总共获得4600余万元的税费优惠。其中研发加计扣除一项就有2300多万元。

超2.2万亿元——这是2023年全国新增减税降费及退税缓费的总规模，其中超7成"花落"民营经济，助企减负增活力。

中国中小企业协会的数据显示，2023年中国中小企业发展指数累计上升1.1点，扭转了过去两年指数连续下降局面。

中国中小企业协会常务副会长马彬介绍，已出台的政策中，一些免申即享的普惠政策，如减税降费、研发加计扣除等，企业的感受比较明显。

全国政协委员、中诚投建工集团有限公司董事长郭代军以所处的建筑行业为例："在融资担保、贷款优惠等方面，优惠政策增加了企业的融资渠道，降低了企业的融资成本。"

有民营企业表示政策"解渴",但也有的在"喊渴"。

一家高新技术企业负责人说,去年以来,国家出台不少政策,融资成本总体下降不少。但是作为一家专注于技术的企业,由于缺乏抵押物,很难享受到这些红利,资金压力依然很大,希望能更好落实知识产权质押贷款。

全国人大代表、鲁泰纺织股份有限公司董事长刘子斌认为,我国企业类型众多,企业发展程度和地域经济水平差异较大。一方面,政策出台及实施应该因地制宜、更加精准;另一方面,企业对国家的政策也需要一定的适应和反应时间,对政策的理解和掌握程度也会影响其感受。

为何一些民企反映获得感不强?

近年来,中国经济处于转型升级、新旧动能转换期,加上复杂严峻的外部环境变化,各类经营主体发展面临新的挑战。

全国政协委员、奇安信集团董事长齐向东在调研中发现,当前民营经济的发展趋势总体向好,但一些民营企业反映"日子并不好过",在实现高质量发展上还存在一些困难。

"有些民营企业在调整结构、改变发展方式、加大科技创新投入上遇到困难,制约了发展进程;一些企业过于依赖单一业务,在发展上遇到了转型难题;还有一些企业,过于看重短期利益,在技术创新方面投入少,导致了核心竞争力的缺失。"齐向东说。

"旧模式不想走,新路径看不清",代表委员提及的现象,是不少民营企业家面临的现实难题。

不少代表委员认为,当前国家大力支持民营经济发展,推出了一揽子好政策,解决企业发展中遇到的难点、堵点问题,未来还要有针对性地解决企业高质量发展难题。

在万博新经济研究院院长滕泰看来,中国经济转型升级,创新已成为主要推动力。但是创新体系下的投资回报关系远比传统增长模式下的复杂,"这对民营企业投资来说有难度"。

北京大学光华管理学院教授陈玉宇认为,新产业、新产品、新模式加速涌现,在产业结构深层次调整过程中,需要政策主动引导和支持,帮助企业转变发展方式,适应未来竞争需要。

"市场恢复也需要时间。"蔡金钗代表说,三年疫情之后,企业需要逐步恢复市场,消费力和消费信心的恢复需要时间。在此过程中,一些民营企业必然会有"痛感"。

一些代表委员和民营企业人士说,不少民营企业还面临准入难、融资难、回款难、中标难、维权难等难题,例如一些民营企业特别是小微企业规模较小、抵押资产不足,要获得银行信贷支持相对较难。这些问题都需要有效解决。

政策如何发力,让民企不断增强获得感?

"各地区各部门制定政策要认真听取和吸纳各方面意见,

涉企政策要注重与市场沟通、回应企业关切。"今年政府工作报告中的这句话，令许多代表委员和有关人士产生共鸣。

"从企业的需求出发制定政策，提高政策的适用性和满意度，这将为政策发挥更大效能创造良好条件。"刘子斌代表说。

企业的需求在哪儿，政策的着力点就在哪儿。

国家发展改革委加紧加快向民间资本推介项目；工业和信息化部开展数字化赋能、科技成果赋智、质量标准品牌赋值中小企业"三赋"专项行动；中国人民银行等八部门推出25条举措加强民营企业金融服务……过去一年来，各部门纷纷出台举措，着力解决民营企业发展难点痛点。

随着一系列政策落地见效，民营经济发展活力持续激发。2023年，民间项目投资（扣除房地产开发投资）增长9.2%。经营主体发展保持回升向好态势，2023年我国新设经营主体3272.7万户，同比增长12.6%。

"着力稳定和扩大民间投资""鼓励民间资本参与重大项目建设""为各类所有制企业创造公平竞争、竞相发展的良好环境""健全防范化解拖欠企业账款长效机制，坚决查处乱收费、乱罚款、乱摊派"……今年政府工作报告中的相关部署，直击民营企业关切。

如何进一步加大对民营企业的政策支持力度？全国两会期间，一些部门已作出最新部署：

在 3 月 6 日举行的十四届全国人大二次会议经济主题记者会上，国家发展改革委主任郑栅洁表示，将最大力度鼓励和支持民营企业参加国家重大工程和补短板项目建设。持续向民间资本推介优质项目，帮助民间资本找项目，帮助民间投资项目找资金。

中国人民银行行长潘功胜表示，在普惠金融方面，将坚持"两个毫不动摇"，健全金融服务民营和小微企业的政策体系和长效机制，引导金融机构平等对待各类所有制企业。

把支持民营企业政策的"暖意"转化为发展的"暖流"，也需要各级政府提高服务意识、提升服务能力。

"市里组织我们去东南亚开拓市场，这次'出海'是政府先发现海外市场需求，再在辖区内找企业，由市政府牵头对接。"郑州中熙能源股份有限公司总经理朱一凡说。

来自政府的服务支持，让朱一凡感到更踏实、更有底气。"以前最好的业绩也就是一年 6000 万元。今年加上海外市场的拓展，我们的目标是'破亿'。我们不会'躺平'，也绝不可能'躺平'。"

政府工作报告提出，"弘扬优秀企业家精神，积极支持企业家专注创新发展、敢干敢闯敢投、踏踏实实把企业办好。"

"全国两会上释放出的一系列新信号，鲜明体现了党和国家坚持'两个毫不动摇'的坚定决心。"全国政协委员、月星集团董事局主席丁佐宏说，中国的未来就是中国民营企业的未来，我们始终保持乐观，因为我们的制度优势、供需优势、人才优势和创新优势明显，中国经济长期向好的基本趋势没有改变也不会改变。

"提高'获得感'关键在发展。民营企业自身也要积极转型升级、提升经营管理效能，这样才能实现高质量发展，在社会主义市场经济大潮中把握机遇、不断壮大。"丁佐宏委员说。

（新华社北京 2024 年 3 月 9 日电　新华社记者刘开雄、魏弘毅）

促进青年就业，怎样打开新空间？
——两会中国经济问答之六

高校毕业生等青年就业关乎千家万户，也是全国两会上热议的焦点问题。去年以来，青年调查失业率引发关注，一些外媒和外国机构也借机唱衰中国经济。

如何看待当前青年面临的就业压力？人工智能等快速发展会否影响青年就业？职业发展有何新动向？全国两会期间，记者采访了多位代表委员和专家。

如何正确看待青年就业压力？

统计数据显示，去年上半年，16 至 24 岁城镇青年调查失业率持续走高，由此引发一些担忧。部分外媒抛出了"倒闭潮""失业潮"论调。

青年就业问题是否如一些外媒所言在"持续恶化"？

"以高校毕业生为代表的青年初次进入市场找工作，有一个工作搜寻与空缺职位的匹配过程。"中国人民大学中国就业研究所所长曾湘泉说，每到毕业季，年轻人集中进入劳动力市场，青年失业率都会有所上升。随着工作陆续确定，青年失业率一般会在7月左右达到顶峰后逐步回落。

那么，当前青年就业形势究竟如何？

不可否认，就业存在压力是中国的现实国情。

"预计今年高校毕业生超过1170万人，要强化促进青年就业政策举措，优化就业创业指导服务。"政府工作报告直面问题，亮出国家化解青年就业问题的决心和信心。

"2024年新成长劳动力规模仍然较大""2024年经济运行风险挑战增多、重点人群就业压力较大"，计划报告点明设置今年就业预期的基本动因。城镇新增就业规模从去年"1200万人左右"调整为今年"1200万人以上"，传递出更大力度稳就业、惠民生的积极信号。

"随着经济回稳向好，当前就业形势总体改善，但部分行业以及中小微企业经营仍面临不少困难，求职的年轻人数量继续增加，使得就业竞争更加激烈。"全国政协委员、中国劳动和社会保障科学研究院院长莫荣分析。

数据显示，今年春节后，企业招聘持续向好，但招聘岗位数量还没有恢复到2019年同期水平。过去吸纳毕业生最多的互联网、房地产、教培行业，招聘需求恢复依然较慢。

"毕业生找工作时求优求稳，用人单位也提高了招聘门槛，这就导致部分青年'就业难'与部分岗位'招聘难'并存的现象更加凸显。"莫荣委员表示。

帮助青年就业，各级党委政府都做了什么？

积极拓宽就业渠道 —— 持续强化企业就业主渠道作用，对企业招收毕业生的，给予吸纳就业补贴、扩岗补助、税收优惠等扶持政策；稳定机关事业单位、国有企业招聘规模，引导鼓励毕业生到基层就业。

持续优化就业服务 —— 打造公共就业服务专项活动品牌，持续开展大中城市联合招聘、百日千万招聘、民营企业招聘月等活动，为青年提供针对性的就业岗位。

强化困难群体帮扶 —— 对低保家庭、零就业家庭、防止返贫监测对象家庭等的困难毕业生，离校前发放求职创业补贴；离校后提供"一人一策"帮扶，优先提供岗位信息……

去年以来，各地各有关部门把高校毕业生等重点群体作为稳就业工作的重中之重，以有力有效政策弥补市场不足，全力以赴确保就业形势稳定。

今年计划报告进一步提出"完善高校毕业生、退役军人、农民工等重点群体就业支持体系""实施好促进青年就业三年行动""优化机关事业单位、国企等政策性岗位招聘（录）安排"等一系列针对性举措。

"期待政策给青年就业带来更多利好。"广东海洋大学2023届本科毕业生唐锦涛告诉记者，去年一直没找到合适工作，今年春节后参加了政府举办的多场招聘会，社区也不断推荐岗位。自己逐渐增强信心，10天前成功入职了一家新能源科技公司。

"挑战是客观存在的，但要看到，确保就业大盘稳，出现了很多积极因素。提升经济社会发展对就业的带动力，集成政策对就业的牵引力，将为稳定就业大盘特别是保障青年就业提供强力支撑。"莫荣委员说。

数字化、智能化会否影响青年就业？

近年来，随着技术迭代和产业升级加速，无人工厂建设和人工智能应用加快推进，一些人关心，这是否会带来大规模失业？

"无论是新产业、新模式、新业态崛起，还是传统产业转型升级，都带来企业人才结构的深刻调整。在部分岗位被替代的同时，也会产生大量的就业新机会。而这种变化总体对高校毕业生更有利，因为其数字化的特点使得用人单位更加青睐熟悉互联网、综合素质高的求职者。"智联招聘执行副总裁李强表示。

重庆一家制造业企业负责人告诉记者，企业转向智能制造后，确实减少了一线普工数量，但同时又产生了供应链管理、精密模具制造成型等数百个新岗位，对人员素质的要求也相应提高，亟待补充大专及以上学历的人才。

"在劳动年龄人口下降、劳动力供给趋紧、人工成本上升的背景下，用机器替代流水线上的简单重复劳动是大趋势。"曾湘泉说。

在全国人大代表、天津理工大学研究生院院长王劲松看来，新一代求职者更加注重职业发展、工作条件和自我价值实现。关键是加快推进产业结构调整和高质量发展，培育壮大先进制造业、现代农业、现代服务业，创造更多适合大学生的智力型、技术技能型岗位。

今年政府工作报告将"大力推进现代化产业体系建设，加快发展新质生产力"列为2024年政府工作任务的首位，并提出"推动传统产业高端化、智能化、绿色化转型""积极培育新兴产业和未来产业""开辟量子技术、生命科学等新赛道""深入推进数字经济创新发展"等一系列新举措。

计划报告提出，实施先进制造业促就业行动，拓宽就业增长点。

"一大批新岗位、新职业将加快涌现，为广大青年提供更多职业新选择、发展新空间。"王劲松代表说。

也有人担心，现在的年轻人是否愿意到制造业就业。

记者了解到，一些变化已经悄然发生。不少毕业生将眼光更多投向前沿领域和高科技行业。部分制造业企业收到毕业生简历数量明显增加，一些先进制造业企业更是成了就业市场的"香饽饽"。

这两年，电动汽车、新能源、集成电路、生物医药等一批新兴产业崭露头角，可观的薪资待遇和职业前景，大大增强了其对年轻人的吸引力。智能制造、电子信息、人工智能、大数据等成为就业"新风口"。

青年就业能力如何提高？

转型升级产生了岗位新供给，同时也对劳动者技能提出了新需求。二者不匹配的矛盾如何化解？

"适应先进制造、现代服务、养老照护等领域人才需求，加强职业技能培训""加大公共实训基地建设支持力度，加快促进产训结合，开展百万青年职业技能培训"……今年政府工作报告和计划报告提出一揽子新举措。

"加快调整高校学科专业布局结构，促进高校学科专业设置与人才实际需求更加匹配""提高职业教育质量"……计划报告中的新安排，释放了人才培养的新信号。

四川九洲元亨企业管理咨询有限公司人资专员李静告诉记者，公司在成都招聘视频拍摄剪辑、新媒体运营等多个岗位，大多只要求大专学历，月薪最高到1万元。"看起来门槛不高、待遇也不错，但这些岗位需要很强的专业能力。有很多毕业生投来简历，但符合条件的不多。"

"为提高学生培养质量，我们学校从2020年开始，重点针对就业难度相对较大专业进行调整优化，将95个专业压减到了75个；同时结合本校优势学科和办学特色改进了各专业的课程设置，增加了实践环节。"全国人大代表、四川农业大学校长吴德介绍。

"能明显感觉到毕业生就业面更宽、适应力更强，去向落实率从2020年的87.2%提高到了2023年的90.5%，2024年预计可以达到疫情前的水平。"吴德代表说。

压力之下，青年自身如何调整？

在一些外媒关于中国青年就业的报道中，"躺平""摆烂"成为高频词，有外媒称"全职子女成为趋势"，甚至称中国有1600万城市青年选择"家里蹲"。

"'躺平''摆烂'不是对我们青年一代的真实描述。无论考研还是找工作，大家都很努力，都想早点'上岸'。我和宿舍同学一起求职时，大家每天都互相交流招聘信息、面试技巧。"郑州航空工业管理学院2024届本科毕业生张翱聪说。

我国已有超2.18亿人具有大学学历，每年毕业生规模已超千万人。在如此庞大的就业群体里，出现缓就业、慢就业的情况不难理解。关键是不能以偏概全，而要准确把握青年群体就业整体状况，辨明整体和局部，分清主流和支流。

无论是政府部门的统计数据，还是代表委员的一线调研，抑或是记者的采访观察都显示，绝大部分年轻人正在积极寻求机会、想办法实现自身价值。面对激烈的就业竞争，年轻人的观念总体更加开放，求职路径也更为多元。

越来越多大学生积极调整发展路径，选择主动对接职场所需，脚踏实地提升能力：招聘会上，一些低年级大学生来提前"热身"或寻找实习岗位；培训机构中，自己花钱来学技能的年轻人越来越多；下班后，到夜校培训"充电"成为年轻人潮流……

"相对于产业和技术的快速变化，人的变化是一种渐进式变量。但是一旦激发，就会产生巨大力量。"莫荣委员说。

（新华社北京 2024 年 3 月 9 日电　新华社记者姜琳、黄垚）

如何看待中国外贸发展形势？
——两会中国经济问答之七

外贸，拉动经济增长的传统"三驾马车"之一。自去年中国外贸增速放缓以来，一些外媒炒作"中国外贸寒冬来了""中国出口订单转移"，以此唱衰中国经济。

当前中国外贸企业发展情况究竟如何？怎样看待中国外贸形势？全国两会期间，记者采访代表委员和业内人士，探讨上述问题，回应外界关切。

中国外贸发展形势如何？

回顾2023年，面对外需低迷和不确定因素叠加等多重挑战，中国全年货物贸易进出口以人民币计微增0.2%，个别月份出口负增长，对比2021年增长21.4%、2022年增长7.7%的速度，的确"慢"了不少。

一些西方媒体片面地、静态地进行报道，称"中国外贸寒冬来了"，放大对中国经济的悲观预期。那么，现实情况如何？

海关总署最新发布的进出口数据显示：以人民币计，今年前2个月中国货物贸易进出口总值同比增长8.7%，其中出口增速重回两位数达10.3%；以美元计，进出口同比增长5.5%，其中出口增长7.1%。

美国《华尔街日报》中文网以"势头强劲"评价中国前2个月出口，并称出口增幅远高于早些时候其调查的经济学家预期的3%。

德国之声称，出乎意料的出口增长可能会让人对中国5%左右的经济增长目标感到乐观。

不只看"账面"，来自企业的感受更为直观。

广东阳江十八子集团有限公司总经理李积回代表感慨，过去一年确实极其艰难，先到欧洲拜访客户，再去美国参加展览会，明显感觉需求疲软，但拓市场初见成效，今年前2个月订单同比增长18%。

十八子以厨房刀剪产品为主，出口至欧洲、南美、美国等多个国家和地区。李积回代表说，当前最大挑战仍是外需不足，公司已筹备好参加本月下旬举行的美国芝加哥家庭用品展。

放在当前全球贸易大环境来看，中国外贸企业取得的每一笔订单都极为不易。

商务部部长王文涛在十四届全国人大二次会议经济主题

记者会上说，今年我国外贸面临的形势总体还十分严峻。

一方面，多个国际组织预计，2024年全球经济增速仍将低于历史平均水平，外需下滑的压力依然存在。另一方面，贸易保护主义、单边主义抬头。世贸组织预计今年全球货物贸易量增长3.3%，地缘冲突、全球"超级大选年"等也将对全球贸易产生外溢影响，带来更多不确定性。

疾风知劲草。不少代表委员这样表示：外部环境确实很"寒"，但中国外贸不会"凉"。

传化集团董事长徐冠巨代表告诉记者，公司出口产品种类很多，其中橡胶产品出口增势尤为明显，春节期间也没有停工，出口量已占到总产能的40%。

经过多年努力，浙江传化合成材料公司突破国外"卡脖子"技术，成功自主研发稀土顺丁橡胶，全球前25强的轮胎企业中，有22家与传化合成材料达成了合作，其中10多家为年度合约客户。

"加强科技创新，走向产业链中高端，是应对外部环境变化的根本之策。"徐冠巨代表说。

中国外贸发展压力确实不小，但企业顶压前行、以变应变、抢抓机遇的决心更大。

今年前2个月，民营企业进出口同比增长17.7%，占中国外贸总值的54.6%，比去年同期提升4.2个百分点；同期机电产品出口增长11.8%，占出口比重近六成。

"推动外贸质升量稳""加大吸引外资力度""推动产业链供应链优化升级""激发各类经营主体活力""推动高质量共建'一带一路'走深走实"……今年政府工作报告提出的多项举措将为中国外贸高质量发展提供支撑。

王文涛说，中国外贸发展的产业基础、要素禀赋、创新能力都在不断增强，出口商品正向价值链上游攀升，进口市场机遇也在扩大，展现较强韧性。

"订单转移""产业外迁"怎么看？

"订单转移"往往伴随"产业外迁"。多重压力之下，外媒频频炒作"订单转移"，该如何看待？

月星集团董事局主席丁佐宏委员表示，"订单转移"有多种情况，有的是企业基于全球竞争形势和产业格局变化进行的主动转移，符合市场规律；有的是受国际形势复杂多变影响，包括个别国家干扰等导致的被动订单转移。

广汽集团就是主动"走出去"的企业之一。

"出口乃至发展海外本地化生产将是未来中国汽车产业发展的重要增量，国际化是广汽集团未来几年的重点发力方向。"广汽集团总经理冯兴亚代表说，目前广汽正在尼日利亚、马来西亚、泰国投资建设海外工厂。

冯兴亚代表认为，对于全球竞争比较充分的行业，企业的生存和发展不可能依赖单一市场，要通过加强海外布局，持续提升产品在国际市场的竞争力。

真正引发外界担忧的是部分企业被迫出海建厂的现象。

四川东材科技集团股份有限公司从事新材料研发、制造、销售，董事长唐安斌代表对此感受颇深。

"公司薄膜类产品出口美国面临被征收特别关税25%、反倾销税接近70%，聚酯薄膜产品出口韩国面临被征收高额关税37%的情况，市场拓展存在一定困难。"唐安斌代表说。

为应对中美经贸摩擦等不利影响，这家公司布局海外市场销售以及制造基地，前2个月出口销量同比增长35%，但竞争压力仍然较大。

事实上，中国已深度嵌入全球价值链分工，"你中有我、我中有你"是大势所趋。

尽管"果链"迁出中国的消息频传，然而，苹果公司首次在2023年首届链博会上披露，其前200家供应商中有151家在中国生产，而这前200家供应商占苹果总采购的98%。

数据显示，有进有出、稳中有进才是中国外贸的主流——

从产品看，2023年，中国出口中间品占我国出口总值的47.3%。其中，对日本、墨西哥出口汽车零配件类，对美国、德国出口锂电池类，对越南、印度尼西亚出口平板显示模组类中间品，都实现了两位数的增长。

从区域看，今年前2个月，中国对东盟、欧盟、美国前三大贸易伙伴出口均保持增长，分别增长9.2%、1.6%、8.1%；对共建"一带一路"国家出口增长13.5%。

"不是说企业在国外建了厂，国内出口就少了，不能直接划等号。"冯兴亚代表说。

尽管世界变局加速演进，全球产业链供应链格局持续重构，但中国在其中的地位依然稳固：中国出口国际市场份额稳定在14%左右，中间品进出口占比达61.1%，展现较强韧性。

稳住外贸大盘该如何发力？

"今年订单目前已经排到6月份，其中内贸订单增长较快。"浙江省平湖市新秀集团运营总监徐洪水说，受中美关系、欧美需求低迷等多重因素影响，公司加大开拓国内市场，自有品牌在国内箱包市场取得可喜业绩。

内外贸"两条腿"走路、加强品牌创新培育，正是当前中国外贸企业加快转型升级的积极探索。

今年政府工作报告提出，主动对接高标准国际经贸规则，稳步扩大制度型开放，增强国内国际两个市场两种资源联动效应，巩固外贸外资基本盘，培育国际经济合作和竞争新优势。

——拓展新增长点，加快培育外贸新动能。

"加强进出口信贷和出口信保支持，优化跨境结算、汇率风险管理等服务""促进跨境电商等新业态健康发展""拓展中间品贸易、绿色贸易等新增长点"……今年政府工作报告围绕"推动外贸质升量稳"部署多项具体举措。

商务部提出将建设中间品贸易数字化服务平台，举办中间品展会；促进跨境电商出口，加强政策赋能，持续完善通关、税收、外汇等政策，提升监管便利化水平；加快推进国际贸易单据数字化；支持高质量、高技术、高附加值的绿色低碳产品贸易。

——积极引导产业转移，完善区域分工协作。

宁夏加大力度建设国家产业转型升级示范区、承接产业转移示范区。宁夏回族自治区发展和改革委员会党组书记李郁华代表说，将深化与共建"一带一路"国家经贸合作，积极引进国企、民企、外企等各类经营主体开展进出口业务。

广东湛江充分发挥区位优势全力打造工业园区。湛江市市长曾进泽代表说，将针对越南等东盟国家电子信息、电机设备、纺织服装等主导产业，大力发展上游原材料和高品质产品，积极完善区域产业分工协作。

广西百色与东部地区合作共建中电百色能源电子产业园、长三角（飞地）先进制造产业园，创建国家外贸转型升级基地。百色市市长葛国科代表说，中西部地区生产要素丰富、劳动力优势明显、市场潜力巨大，应充分发挥比较优势，差异化承接产业转移。

——打造对外开放新高地，构筑互联互通大门户。

海拔4700多米的里孜口岸，去年11月13日开通运行，成为西藏第四个正式通关的陆路口岸，也是西藏海拔最高的口岸。

日喀则市市长王方红代表说，里孜口岸的开通，对建设面向南亚开放通道和环喜马拉雅经济合作带，推进中国和尼泊尔两国高质量共建"一带一路"具有重大现实意义。

从东南沿海到西北边陲，从白山黑水到雪域高原，中国开放的大门越开越大，开放水平越来越高，支撑中国外贸重塑新优势。

"巩固外贸外资基本盘，我们是有信心、有底气的！"这是许多代表委员和会外专家学者、企业家的一致观点和鲜明态度。

（新华社北京 2024 年 3 月 10 日电 新华社记者谢希瑶、邹多为、岳德亮、吴涛、熊丰、史竞男）

如何看待当前中国引资态势和未来前景？

——两会中国经济问答之八

近段时间，我国吸收外资有所下降。一些外媒便借此炒作"外资撤离""中国不可投资""中国投资环境恶化"，渲染在华投资"风险"，唱衰中国经济。

事实果真如此吗？如何看待当前中国引资态势和未来前景？全国两会期间，新华社记者就此采访了代表委员和权威部门相关负责人，并同跨国公司和商协会负责人对话。

"外资撤离中国"？——超万亿元引资规模印证中国依然是全球投资热土

2023年，我国新设立外商投资企业53766家，同比增长39.7%；实际使用外资金额11339.1亿元，同比下降8%。

新设外资企业数量的稳步增长，彰显全球工商界对中国市场未来的信心。而实际使用外资金额的波动，则来自疫情的"疤痕效应"、地缘政治等多重外部因素的冲击。

商务部外国投资管理司司长朱冰告诉记者，疫情期间，人员跨境往来、招商考察交流等活动受限，外商投资特别是绿地投资往往有一个较长的过程，项目洽谈签约、设立企业、建设、投产有时甚至持续数年，反映在实到外资数据上会有滞后。此外，一些国家推动产业和资金回流，出台涉华投资限制措施，干扰了正常的跨国投资决策。

"近年来招商引资面临的国际竞争愈加激烈。"全国政协委员、河北省贸促会会长刘劲松说，发达国家和新兴经济体纷纷出台吸引外资的优惠政策，一定程度上会对我国吸引外资带来压力。

放眼全球，世界经济艰难复苏，经济不确定性和利率高企对全球投资造成影响。联合国贸发会议数据显示，尽管去年全球外国直接投资总体实现增长，但如果剔除几个投资中转地，实际下降了18%。

在全球跨国投资低迷、引资国际竞争日趋激烈的背景下，中国的引资"成绩单"可谓来之不易——

引资规模仍处于历史高位。2020年中国吸引外资（含金融类投资）首次突破1万亿元，2021年、2022年连续平稳增长。2023年吸引外资仍保持了万亿元规模，处于历史第三高水平。

引资结构持续优化。2023年中国高技术产业引资4233.4

亿元，占实际使用外资金额比重为37.3%，较2022年提升1.2个百分点，创历史新高。

"我们在与全球客户交流中感受到，中国作为不容忽视的巨大市场、全球增长的重要引擎，依旧是吸引全球投资的热土。"全国政协委员、德勤中国主席蒋颖说。

"中国投资环境恶化"？——政策发力营造市场化、法治化、国际化一流营商环境

中国营商环境怎么样，企业最有发言权。

中国贸促会《2023年度中国营商环境研究报告》显示，2023年，受访企业对中国营商环境总体评价为4.36分（满分5分），近九成受访企业评价为"满意"及以上。

中国美国商会不久前发布的《中国商务环境调查报告》显示，受访企业2023年财务状况较上一年有所改善，对未来两年业务前景更为乐观。50%的受访企业将中国列为全球前三大投资目的地。

优化营商环境，中国一直在努力。

5日提请审议的政府工作报告部署今年工作任务时提出，落实好外资企业国民待遇，保障依法平等参与政府采购、招标投标、标准制定，推动解决数据跨境流动等问题。加强外商投资服务保障，打造"投资中国"品牌。提升外籍人员来华工作、学习、旅游便利度。

"中国的营商环境在国际上处于领先地位，为包括佳能在内的各企业提供了优渥的生存发展土壤。"佳能（中国）有限公司董事长兼首席执行官小泽秀树说，佳能也从企业的角度提出了很多意见建议并被采纳，为持续优化营商环境贡献力量。

问题从企业中来，政策到企业中去。

建立外资企业圆桌会议制度，施行便利外籍人员来华5项措施，推动"外资24条"各项举措加快落地见效，解决外籍来华人员遭遇的移动支付问题，扩大免签国家范围……中国不断完善外商投资企业服务保障，及时回应和解决企业关切，切实打通外籍人员来华经商、学习、旅游的堵点。

1月26日，奥迪一汽新能源汽车有限公司预批量生产正式启动。这一总投资超过350亿元的项目顺利推进，得益于当地高效有力的政务服务。

项目建设过程中，吉林省长春市通过并联审批、联合验收、容缺办理等方式，压缩审批时间，设立"项目秘书"等制度，政府工作人员扎进企业"上班"，及时帮助解决各项问题。

"打造精准高效的政策环境、近悦远来的人才环境、敢闯敢干的创业环境、安心舒适的生活环境，这些举措能有力提升投资吸引力。"全国人大代表、长春市市长王子联说，要强化政府服务意识，畅通政策兑现"最后一公里"，在体制机制改革上先行先试、探索创新。

如何进一步优化营商环境？不少代表委员建言献策。

蒋颖委员带来了关于优化法治化营商环境，提升涉外法律法规制定和执行的一致性、协同性、可预期性的提案。"我们需要加大'准营'政策执行力度，让外商不仅'来得了'，更要'干得好'。"

全国政协委员、商务部国际贸易经济合作研究院院长顾学明说，要进一步提高我国政策的透明度和可预期性，解释好国家安全法、反间谍法等法律的出台背景和执行情况，回应一些海外媒体的不实报道，解除外资企业疑虑。

"中国不可投资"？——跨国公司与中国市场在"双向奔赴"中互利共赢

连日来，全球各大媒体持续报道中国两会，跨国公司高管关注中国两会，进一步凸显中国市场在全球工商界举足轻重的地位。

"中国经济韧性强、动力足，中国市场规模和潜力大，跨国公司和全球资本看好中国经济的基本面。"全国人大代表、上海社会科学院党委书记权衡说。

中国14亿多人口的超大规模市场正在向全球展开，更多高水平开放举措正在到来。

政府工作报告提出，继续缩减外资准入负面清单，全面取消制造业领域外资准入限制措施，放宽电信、医疗等服务业市场准入。扩大鼓励外商投资产业目录，鼓励外资企业境内再投资。

"关税总水平已经降至同世贸组织发达成员相当水平""外资准入负面清单缩减到31项以下""服务业开放加速推进"……中国两会上传递出清晰的信号。

"目前，临港新片区正在打造国际数据经济产业园，加快跨境数据的'一般数据清单'和'重要数据目录'编制，对标国际高标准经贸规则，加强数据跨境流动基础设施建设。"全国人大代表、上海临港经济发展（集团）有限公司董事长袁国华说，这将吸引更多跨国公司来华投资兴业。

当前，跨国公司正以"提质换挡"的投资拥抱中国市场——

就在全国两会开幕前夕，跨国制药企业阿斯利康宣布：投资4.75亿美元在华新建小分子药物工厂，上海成为其第五大全球战略中心。

第七届进博会已签约世界500强及行业龙头企业近200家；肯德基中国门店规模突破1万家，数量超过美国本土；空中客车在欧洲之外首个飞机全生命周期服务项目在成都投入运营；美国商会访华团、日本经济界访华团、世界银行执行董事访问团等纷纷到访中国……全球工商界用实际行动表达对中国市场的看好。

"中国的医疗'大健康'市场，无疑是全球最具潜力的市场之一。"GE 医疗全球执行副总裁、中国总裁兼首席执行官张轶昊说，GE 医疗中国销售额里中国制造的产品占比已经从三年前的 30% 多提升到现在的 80%。

在中国，为中国；在中国，惠全球。

"中国对绿色发展、可持续发展的重视，和不少美国企业的发展方向十分契合。"中国美国商会总裁何迈可说，中国服务业的进一步开放将为美国公司提供发挥其专业知识、技术和能力的机会，美国公司也可以为中国服务业的发展和中国式现代化作出更多贡献。

施耐德电气执行副总裁、中国及东亚区总裁尹正说，去年施耐德电气在华成立了数字配电中国研发中心、中国研究院自动化研发中心、AI 创新实验室等研发机构。"借力中国创新优势，我们将更多'中国智慧'输向全球。"

投资中国就是投资未来。

"无论当下还是未来，中国超大规模市场优势独一无二，创新应用场景丰富，高素质人才充沛，全球竞争力显著。中国为全球产业繁荣注入新动能，为跨国企业构建全球竞争优势带来新的机遇。"蒋颖委员说。

（新华社北京 2024 年 3 月 10 日电　新华社记者潘洁、刘羽佳、段续）

设备更新和消费品换新将如何撬动内需大市场？

——两会中国经济问答之九

近期，我国提出推动大规模设备更新和消费品以旧换新行动方案，今年的政府工作报告也作出进一步安排。

实施大规模设备更新和消费品以旧换新主要基于怎样的考量？将如何助力扩大内需？落地实施有哪些着力点？全国两会期间，就这一话题，新华社记者采访了多位代表委员和专家学者。

这一轮更新换新有何考量？

2023年12月召开的中央经济工作会议和今年2月召开的中央财经委员会第四次会议，都对"大规模设备更新和消费品以旧换新"进行了部署，3月1日召开的国务院常务会议对此进行了细化安排。

在当前经济形势下，我国推出大规模设备更新和消费品以旧换新举措有哪些深层次考虑？

全国人大代表、辽宁大学校长余淼杰说，推出这一举措的目的在于扩大有效益的投资，激发有潜能的消费，形成投资和消费相互促进的良性循环。

消费是一切生产的最终目的，是经济循环的终点，同时也是新的起点。在国际循环存在干扰的情况下，消费之于经济回升的支撑作用更加突出。

国家统计局数据显示，2023年我国社会消费品零售总额增长7.2%，最终消费支出对经济增长的贡献率达到82.5%。

"这一轮更新换新体现了'从存量中产生增量'的宏观经济政策新思路。"国务院发展研究中心市场经济研究所研究员陈丽芬表示，当前我国经济已由高速增长阶段转向高质量发展阶段，正处在转变发展方式、优化经济结构、转换增长动力的攻关期，不能简单地扩张规模做增量，而是要提升存量的质量效益，在提升过程中产生增量。

陈丽芬说，更新换新不仅能"从存量中产生增量"，而且可以将投资和消费统一起来；不是孤立地刺激投资或者消费，而是放眼长远，畅通从生产到消费的循环，实现"1+1>2"的政策效果，体现扩大内需的系统性。

消费旺，市场兴。

"迈入新发展阶段，不断扩大内需是促进经济高质量发展行之有效的重要战略。"全国人大代表、四川长虹电子控股集团董事长柳江说，顺应消费升级趋势，全力推动政策落地，将有效撬动存量和增量两个市场，推动消费增长势头持续走强，还能以绿色智能产品替换高能耗高污染的旧产品，从而助推我国生产和消费的高质量转型。

中央财经委员会第四次会议强调，实行大规模设备更新和消费品以旧换新，将有力促进投资和消费，既利当前、更利长远。

"实施这一轮更新换新体现了社会主义市场经济体制的优势。"柳江代表表示，面对总需求不足的经济运行现状，"看不见的手"和"看得见的手"都要用好，努力形成市场作用和政府作用相互补充、相互协调、相互促进的格局。

在全国政协委员、中国能建董事长宋海良看来，更新换新不仅是设备和消费品的升级换代，更是一场系统的生产力变革。推动新旧动能转换、培育新质生产力，要求大规模的设备更新，而大规模的设备更新也将推动新质生产力的加快形成。

更新换新的市场需求从何而来？

"消费变得低迷""无力升级基础设施"……近期，有海外媒体质疑更新换新的市场动力。

那么，我国市场更新换新需求是否迫切？空间有多大？

从现实来看，我国设备更新的需求很大。国家发展改革委主任郑栅洁在十四届全国人大二次会议举行的经济主题记者会上说，2023年我国工业、农业等重点领域设备投资规模约4.9万亿元，随着高质量发展深入推进，设备更新需求会不断扩大，初步估算将是一个年规模5万亿元以上的巨大市场。

全国政协委员、中国航天科工二院二部研究员魏明英认为，我国工业设备存量大、能耗比较高；智能制造设备需进一步提高普及率；锅炉等重点用能设备要大力提升先进能效标准。随着技术进步，企业在生产效率上的竞争日趋白热化，在高端化、智能化、绿色化、数字化等方面都存在主动更新需求。

全国人大代表、海尔集团董事局主席周云杰说："对企业自身而言，一些设备效率较低已无法满足当前需求，我们将对其进行更新，以适应加速推进新型工业化的要求，提高工厂的智能化、自动化、信息化程度。"

"依托数字化管理系统，我们工厂的单位制造成本降低28%，产量损失减少43%，交货时间缩短84%，能耗也降低20%。"全国人大代表、隆基绿能董事长钟宝申说，近年来的设备更新升级让工厂实现从"制造"向"智造"的飞跃。

再来看消费品换新的市场需求。郑栅洁介绍，2023年底我国民用汽车保有量达到3.36亿辆，冰箱、洗衣机、空调等主要品类家电保有量超过30亿台，汽车、家电更新换代也能创造万亿元规模的市场空间。

高品质供给也将激发新的需求，创造更为广阔的市场空间。

中国家用电器服务维修协会会长刘秀敏说，这一轮以旧换新将"唤醒新理念、换来新家电、焕然新生活"。比如近年来陆续上市的激光电视、新风空调、真空冰箱等高端新品，叠加不断规范的上门服务，可借此机会走入寻常百姓家，将带动家居从"换新"到"焕然一新"的品质升级。

对于更新换新所需的资金支持，中央财经委员会第四次会议和国务院常务会议分别强调"要坚持中央财政和地方政府联动，统筹支持全链条各环节，更多惠及消费者""加大财税、金融等政策支持"。

落地实施有哪些着力点？

根据中央财经委员会第四次会议"鼓励先进、淘汰落后"的部署要求，受访代表委员认为，这一轮更新换新以先进标准为引领，将推动工业面貌和消费潮流向高端化、智能化、绿色化、国产化方向转型升级。

高端化是工业由大向强的必由之路。C919大飞机实现商飞，首艘国产大型邮轮出海，新能源汽车产销量占全球比重超过60%……这些成就表明我国在高端工业领域正由"跟跑"向"并跑""领跑"转变。

全国人大代表、中国有色矿业集团董事长奚正平说，借助这一轮更新换新契机，我国工业有望向高端化跃升，既要加快工业母机、高端芯片、基础软硬件等设备的更新升级，又要在新材料、新工艺、新方法等方面形成突破，占领制高点。

当前人工智能成为新的生产工具，以工业互联网为支撑的智能化工厂正在铺开，工业加速智能化。截至 2023 年底，我国工业互联网核心产业规模超 1.3 万亿元，已全面融入 49 个国民经济大类。

全国人大代表、国家区块链技术创新中心主任董进表示，制造业要聚焦工业互联网薄弱环节，如控制芯片、操作系统、智能传感器等，加快先进设备和系统的更新，让制造业与 5G 等信息技术深度融合，推动智能化向实体经济更多行业、更多场景延伸。

"绿色不仅是节能降碳，还是循环利用。"全国人大代表、海信集团董事长贾少谦认为，这一轮更新换新是循环经济发展的突破口，对于推动形成绿色生产生活方式有重要意义。"回收＋换新"等模式将加大废旧电器电子产品回收力度，提高废旧电器电子产品拆解再利用能力，形成家电回收处置及精深加工生态体系，推进资源节约利用。

消费市场上"国潮"涌动，这既是经济现象，也是文化现象。宋海良委员说，这有根植本土文化的自信，也有供给侧的创新。近年来国货提高生产效率，实现柔性制造和个性定制；缩短与消费者的距离，让工厂与市场精准对接……"国潮"背后是工业和消费体系的重新整合，以旧换新是国货的市场机遇期，更是传统产能向先进产能更新的升级机遇期。

代表委员在采访中表示，我国经济是一片浩瀚大海，内需空间广阔。大规模设备更新和消费品以旧换新的全面实施，必将有力促进投资和消费的良性循环，进一步激发中国内需市场活力动力，让中国经济引擎更加强劲。同时，更新换新是一个系统工程，需要产供销、上下游、政企民、线上线下协同联动综合施策，要做好顶层设计统筹推进，打通难点堵点。

（新华社北京 2024 年 3 月 11 日电　新华社记者戴小河、邹多为）

◎ 西方经济学模型为什么不灵

◎ 中国出境游回暖 但欧美目的地为何遇冷

◎ 中国市场为啥让人"离不开""舍不得"

◎ 对中国经济"唱衰论"如何被反复证伪

◎ 德国企业为啥不信"去风险"说教

◎ WTO服务贸易国内规制生效意义几何

◎ 中国科技创新力何以闪耀世界

◎ 什么是中国经济的真实叙事

◎ 黄金与比特币价格大幅波动为哪般

◎ 西方将"新三样"贴上产能过剩标签目的何在

◎ 日本结束负利率政策对经济有何影响

◎ 德国企业为何如此青睐中国市场

◎ 西方炒作"中国产能过剩",用心何在

专题二

经济热点问答
（一季度）

西方经济学模型为什么不灵

最近，国际上出现了不少对西方经济学家及其预测模型的质疑之声。欧洲央行行长拉加德批评一些经济学家成了"自我封闭的部落，对其他科学学科缺乏开放性"。法新社评论说，经济学家需要"走出电子表格和僵化模型的舒适区"。诺贝尔经济学奖得主埃丝特·迪弗洛自嘲，经济学家在最受信任职业排行榜上可能已跌至"末位"，甚至不如天气预报员受欢迎。

西方传统经济学以抽象同质的"经济人"为原点，以追求"收入""利润""GDP"等经济目标为行为取向，构建起完全由演算推理主导的逻辑架构，同时又将历史发展、人文价值、文化制度影响等其他因素作为"干扰项"排除在外，远离现实复杂性的同时日益走入"一个数据模型构成的公式化世界"。

因为预测通胀失败，英国央行甚至聘请美联储前主席伯南克为其经济预测系统"把脉"，加拿大央行决定用更具前瞻性的方法取代旧模型……荷兰国际集团银行首席欧元区经济学家彼得·范登·豪特指出：每个人都知道，目前的经济模型无法令人满意地做出好的预测，"我们需要换种思维方式，或至少通过整合其他组成部分来扩展模型"。

一段时间以来，中国经济总体向好的态势背景下，西方媒体的报道有的看多，有的看空，时而"崩溃"，时而"威胁"，如同盲人摸象莫衷一是。这里面有些是鼓噪中国经济崩溃的恶意唱衰者，也不乏因为缺乏对中国经济全面客观辩证的理解而导致的认知偏差。

图为2023年9月10日拍摄的中国（上海）自由贸易试验区张江片区（无人机照片）。（新华社记者方喆摄）

无论是预测世界经济，还是研判中国经济，西方经济学模型都面临严重的"解释力赤字"。过去几十年，经济全球化和科技产业革命给世界带来巨变，很多国家基于自身历史文化背景探索出独具特色的发展模式，经济学所面对的现实世界更加复杂多元，呈现出非线性的逻辑关联。美国乔治·梅森大学公共政策与政治学教授希尔顿·鲁特就提出，基于线性思维和公式推导的新旧古典经济学和新自由主义理论无法解释世界经济体系的重塑，应采用一种全新理论框架来阐释政治经济体系的建构与演进。

中国经济发展就一直是个西方理论模型说不清、判不准的典型案例。历史上，西方经济学家曾数次预测中国经济崩溃，中国经济改革在西方主流理论看来并不正确却取得了巨大成功。有人说，谁能破解"中国经济增长之谜"就能获诺贝尔经济学奖。对于理解西方经济学解释中国经济的局限性，中国经济学家朱天或许能提供启发性视角。他通过大量全球对比研究后发现，在实行市场化改革和开放政策的前提下，导致近几十年中国经济高速增长的主要差异化因素除了独特制度和明智政策，还有传统的儒家文化尤其是重视储蓄和教育的文化。然而在西方经济的理想建模中，人文因素往往被公式"抽象"掉了。

读懂中国经济，需引入更多人文"参数"。只有把冷冰冰的抽象同质的"经济人"回归到更加具象异质的社会人、文化人，才能更好地理解中国经济政策以人为本的目标指向和价值

2024年1月8日，在贵州省岑巩县注溪镇周坪村果树种植专业合作社，村民在包装柚子。柚子将搭乘中欧班列，经满洲里口岸销往俄罗斯。（新华社记者杨楹摄）

依归，才能理解中国经济运行的内在逻辑，弄明白为什么政府可以是"必要之善"，为什么有的高铁亏本也还要建，为什么乡村振兴必须要搞，为什么顶着巨大压力也要推进"双碳"政策，为什么绿水青山就是金山银山，为什么"一带一路"如此受欢迎……正如印裔经济学家阿马蒂亚·森所言："经济学关注的应该是真实的人"，将更多的人文思考引入经济学，对于增强主流经济学的解释预测能力大有裨益，并能祛除主流经济学在哲学上的贫困。

（新华社北京2024年2月7日电　新华社记者叶书宏）

中国出境游回暖
但欧美目的地为何遇冷？

近期有西方媒体炒作，中国经济放缓使得中国游客出境游人数和购买力下降，导致"全球航空和旅游业损失1300亿美元"。

事实果真如此吗？新华社记者调研采访后了解到，2023年中国出境游总体大幅回暖，但赴欧美国家旅游的热度却不及预期，其中的主要原因恰恰源自某些西方国家自身。

"巨额损失"是真是假？

有西方媒体在报道中称，与2019年相比，2023年中国大陆的旅行服务海外支出大幅减少，导致全球航空和旅游业蒙受"巨额损失"。

在接受采访时，中国旅游研究院院长戴斌告诉新华社记者，西方媒体的报道纯属炒作，所谓上千亿美元损失并未如实反映2023年中国出境旅游支出快速增长的最新趋势。

中国国家外汇管理局公布的数据显示，2019年中国旅行服务海外支出超过2500亿美元，2020年、2021年、2022年的海外旅行支出，每年均比2019年减少约1300亿美元。但是，随着出境游市场稳步恢复，2023年中国出境游支出预计超过1800亿美元，实际可能比2019年减少约700亿美元，降幅明显收窄。

戴斌认为，上述西方媒体没有报道中国对世界旅游市场的真实贡献，也没有将国际游客跨境旅游整体上减少的大环境考虑进去，"报道视角失之偏颇"。

是什么迟滞了中国游客赴欧美旅游的脚步？

综合公开报道数据看，2023年，中国游客赴伦敦、纽约等欧美热门目的地的人数恢复不及预期，为疫情前的三成左右，且慢于上述目的地国家和城市的入境旅游市场整体恢复水平。

记者采访时获悉，受签证受阻、针对游客的盗抢等治安事件频发等因素影响，不少中国游客对前往欧美国家旅游有安全方面的担忧。

家住北京的李女士曾赴美国旅游。她说："感觉街上到处都是流浪汉，卫生条件也不好。如果安全都无法保障，就谈不上旅游体验"。

一些欧美国家签证难度高，中国公民在签证申请、审批及入境时遭遇不公，进一步消减了中国人的出游意愿和热情。

广州居民霍女士说，欧美签证不仅门槛高且申请和审批流程时间长，还会面临拒签风险，增加了不确定性。相比之下，去泰国等地"想走就走"，而且当地对中国人比较友好。

此外，旅行成本上升也是阻碍中国游客赴欧美旅游的重要因素。受通胀、汇率等因素影响，欧美目的地国家的住宿、餐饮、交通等服务价格普遍高于游客预期。

中国与更多国家达成互免签证等便利安排，大大助推了中国游客出境游去向的多元化。泰国国家研究院泰中战略研究中心主任苏拉西·塔纳唐说，互免签证将推动民众交流往来，进一步加强国家之间的友好互信。

中国出境游市场需求侧有哪些新变化？

近年来，中国游客出境游的旅游方式、旅游需求和偏好变得更加理性、多样化且个性化，更注重对目的地自然环境、人文历史和生活方式的深度体验。

戴斌告诉记者，中国游客"买买买"的时代已经过去，目前消费行为更加理性。加之国内免税购物对境外高消费的替代，中国人对境外市场上香水、化妆品、手表等商品的购买意愿趋于下降。

泰国国家旅游局局长塔佩妮·佳沛本说，自中国有序恢复出境团队游以来，前往泰国旅游的中国游客逐渐从跟团游向自由行、体验型旅游转变，特别是年轻中国游客追求的不再是普通观光，而更注重体验不一样的生活方式。

展望未来，世界旅游组织等机构和世界旅游交易会报告均看好中国旅游业的发展前景和巨大潜力。根据世界旅游组织1月19日公布的《世界旅游业晴雨表》，由于签证便利化和航空运力提高，预计中国出境和入境旅游市场将在2024年快速发展。

近期世界旅游交易会上发布的《世界旅游交易会全球报告》预计，2024年至2033年中国出境游价值增长率将达131%。就支出而言，中国在2033年可能成为两倍于美国的游客来源市场。

面对中国出境游市场需求侧的新变化，欧美旅游目的地唯有主动应变，积极挖潜，方能树立口碑，更好分享中国红利。

（新华社北京2024年2月9日电　新华社记者闫洁、欧阳为、韩冰　参与记者：徐壮、杜鹃、单玮怡、刘芳、张玉亮、刘春燕、刘亚南、杨淑君、陈爱平、邓瑞璇）

中国市场为啥让人"离不开""舍不得"?

岁末年初,不少跨国公司陆续发表财报,公布其在中国市场表现,肯定中国市场在其全球商业版图上的重要地位。与此同时,某些西方机构和媒体频频唱衰中国经济,甚至鼓动跨国公司"带上利润离开"。这与跨国企业在华经营活动和实际感受形成巨大"温差"。

在中国做生意到底有没有赚头?多数跨国公司打算获利了结,还是继续深耕?国际商界为啥反对"脱钩"?带着这些问题,让我们一探究竟。

不舍市场机遇

"中国不仅是关键市场,更是人才和创新的重要沃土,对美国企业的全球竞争力至关重要。"中国美国商会主席谭森在该机构近日发布的报告中如是说。该报告显示,2024年,约半数受访企业将保持在华投资规模不变,近四成计划在华增资,视中国市场为企业战略重点以及看好中国经济快速增长势

2023年12月22日拍摄的茅山脚下的江苏常州金坛东方盐湖城夜色（无人机照片）。（新华社记者季春鹏摄）

头是其增资首要考量。

从这份报告看，在华美国企业并不相信部分西方媒体质疑中国经济增长潜力的说法。新华社记者采访了解到，去年霍尼韦尔、康宁等不少美企的多项中国业务都取得积极进展。

近期公布的相关公司财报显示，跨国公司看好中国市场的判断具有坚实基础，中国作为投资目的地的吸引力没有改变。2023财年，欧莱雅、博世集团在华销售额增长均超5%，苹果公司大中华区营收约占公司总营收五分之一。星巴克

2024年1月9日，游客在哈尔滨百年老街中央大街上游玩（无人机照片）。（新华社记者张涛摄）

2024财年第一季度也实现不俗增长，在中国内地市场净新增门店169家。

拥有肯德基和必胜客等知名餐饮品牌的百胜中国公司日前公布财报显示，公司去年总收入较上一年增长15%；净新增门店1697家，超过全年净新增门店目标。百胜中国首席执行官屈翠容表示，公司十分看好中国市场广阔的增长机遇，未来将继续扩大目标市场，满足这些地区长期消费升级带来的需求，深深扎根中国。

宝洁公司董事长兼首席执行官詹慕仁在公布财报的电话会议上说，近期到访中国，与本地员工、消费者见面的经历让他相信，今后几年企业有机会持续拓展在华业务。

西班牙经济学家、巴塞罗那大学经济学副教授塞尔希·巴斯科表示，中国作为一个内需充足的市场，对欧洲企业有巨大吸引力。随着消费增加带动内需扩大，将会有更多外国公司进入中国市场。

"如鱼饮水，冷暖自知。"当某些西方机构和媒体绞尽脑

2024年1月10日，在位于江苏省常州市的理想汽车常州基地车间，机械手臂进行焊接作业。（新华社记者季春鹏摄）

汁，为抹黑中国经济"整词儿"时，全球商界正汇聚中国，忙于创造合作机会，捕捉市场机遇。

不舍成长机会

"中国对于博世集团不仅是一个重要的市场，更是一个创新和研发基地。"博世中国总裁徐大全近日告诉新华社记者，智能出行业务是博世集团在华业务的主要增长动力。博世集团在华拥有近5.8万名员工，业绩保持稳健增长。这家位列世界500强的企业表示，将持续在华投入以增强制造和研发能力。

对跨国公司而言，中国拥有优越创新环境和人才储备。此外，不断迭代的商业应用场景、发达的数字经济和活跃的市场竞争给跨国公司带来了独一无二的成长机会。

在麦当劳中国的餐厅仓库，工作人员只需要挥动手中的移动终端，扫描货物包装电子标签，就能完成盘存工作，并通过云计算和数据引擎，实时传输数据。

麦当劳中国首席执行官张家茵告诉新华社记者，目前麦当劳中国在新店开发、数字化转型、外送业务方面领跑麦当劳全球市场。这得益于企业拥抱中国商业模式的数字化变革。

近年来，中国持续推动绿色低碳转型，大力发展新能源产业。电动载人汽车、锂离子蓄电池和太阳能蓄电池等外贸"新三样"产品出口规模快速增长，为不少跨国企业提供基于创新和竞争的成长机会。

松下控股集团全球副总裁本间哲朗说，中国保持制造大国地位的同时，逐渐成为消费大国、创新大国。竞争激烈的中国市场已成为磨砺外资企业竞争力的理想训练场。这种竞争带来的成长机会，正是任何一家企业都不愿放弃的。

2023年，德国大众集团将德国总部以外最大的研发中心落户合肥。大众汽车集团（中国）董事长兼首席执行官贝瑞德表示，大众正在全面融入中国的产业生态。在充满活力的市场环境中，高速发展是保持竞争力的关键。

图为2023年7月18日拍摄的由中铁武汉电气化局研制的氢能源地铁施工作业车。（新华社记者肖艺九摄）

麦肯锡中国区主席倪以理告诉记者，从市场规模、消费能力和创新潜力来看，世界上几乎没有其他地区能够代替中国市场。对企业而言，中国市场能够激发消费领域灵感，成为企业的创新基地。

不舍供应链优势

中国是唯一拥有联合国产业分类中全部工业门类的国家，具有超大规模市场并处于需求快速释放阶段，强大的供应链优势令众多跨国公司无法割舍。

"中国市场难以取代。"美国麦肯锡全球研究院在近日发布的报告中指出，尽管当前全球贸易的限制条件有所增加，但中国在全球供应链中的优势无法真正被替代。

在美国苹果公司的供应链中，中国是其重要生产基地之一。去年11月举行的首届中国国际供应链促进博览会上，苹果公司在展台展板

图为2024年2月7日拍摄的唐山港京唐港区集装箱码头（无人机照片）。（新华社记者杨世尧摄）

上写道："苹果的 200 家主要供应商中有 151 家在中国生产。"

这条标语从一个侧面揭示了中国在全球供应链上的枢纽地位，也表明与中国"脱钩"的代价实属企业"不可承受之重"。

不到 40 秒下线一台车！对美国电动汽车制造商特斯拉而言，上海超级工厂已成为其全球出口中心，效率稳居同业前列。同样位于上海，特斯拉在美国本土以外的首个储能超级工厂项目也计划于今年内投产。

"特斯拉上海超级工厂能够取得这样的高效率，离不开企业与中国供应链深度融合。"特斯拉公司副总裁陶琳说。

2023 年 12 月 22 日，在特斯拉上海超级工厂内，工人在对出厂前的车辆进行漆面及门窗检测。（新华社记者方喆摄）

德意志联邦银行多名专家日前撰文表示,从长远看,离开中国将给德国企业带来显著商业和经济成本。德国企业将错失中国这个"主要销售市场",许多供应链只能以牺牲效率为代价进行重组。

(新华社北京 2024 年 2 月 11 日电 新华社记者马则刚 参与记者:邓茜、许嘉桐、王嘉伟、刘春燕、钟雅、陈斌杰、康逸、陈文仙、吴晓凌、杜鹃、许凤、胡尊元、单玮怡、谢宇智)

对中国经济"唱衰论"如何被反复证伪

改革开放以来,中国经济发展史可以说也是西方各种唱衰论调不断被证伪的历史。某些西方政学界人士和媒体戴着"有色眼镜",不可能看懂中国经济攻坚克难的大逻辑,也不可能看准中国高质量发展的新势能;他们打着自以为是的"小算盘",不可能算清中国经济应对不确定性的大运筹,也不可能算准中国经济善做"长周期"的大账本。

历次"神预言"如何带节奏

"中国粮食危机论""中国造假论""中国崩溃论""中等收入陷阱论"……几十年来,一些西方政学界人士和媒体多次通过这样耸人听闻的"神预言",反复提出、炒作中国经济即将衰退,试图动摇市场信心,最后又反复以"看不准"而收场。

上世纪90年代初,时任美国世界观察研究所所长莱斯特·布朗在《世界观察》杂志发表文章《谁来养活中国?》,

称中国快速发展将导致"粮荒",将与世界"抢粮",给全球造成冲击。部分外媒随后以此大做文章,把中国经济发展渲染成对世界的潜在危害。

世纪之交,美籍华人章家敦出版《中国即将崩溃》,声称中国经济存在"虚假繁荣",煞有介事宣称中国会在2008年之前崩溃。其"预言"失败后,又一次次重新"设定"中国崩溃时间表。

2008年国际金融危机期间,一些美国政要和学者把美国房地产泡沫和全球经济失衡归罪于"中国等新兴市场国家高储蓄率"。当时,位于危机"震源"的一些美国经济学者鼓吹,中国才是世界经济"危机的新震源"。

2015年,西方媒体重提"中国经济崩溃论",高调嘲讽"中国经济行将崩溃""中国模式走向末路"。一些国际投资机构和职业投机商试图利用这种"神预言"搅动市场,以便做空中国资产,从中谋取巨额利润。

"历史不会重复自己,但会押着同样的韵脚。"几十年来,西方媒体唱衰中国经济的"神预言"此起彼伏,而这种言论都以失败告终。

"中国崩溃论"为啥崩溃

"老调重弹""经不起推敲""反复碰壁"……一些有识之士因多次见证"中国崩溃论"的崩溃,早已对这种"狼来了"

2024年2月2日，一艘集装箱货轮停靠在天津港"智慧零碳"码头（无人机照片）。（新华社记者赵子硕摄）

新华社
— 经济随笔 —

式的言论见怪不怪，认定西方对中国经济分析"看不准"，对中国经济的抹黑不靠谱。

"谁来养活中国？"2023年，中国粮食总产量13908.2亿斤，再创新高，连续9年稳定在1.3万亿斤以上。"布朗之问"没有应验，反而凸显一个事实：即中国用占世界9%的耕地、6%的淡水资源，养活了世界近五分之一的人口。

"中国崩溃论专业户"章家敦已沦为笑柄。摩根士丹利亚洲名誉主席杰克·沃兹沃思毫不客气地评价："你的'中国崩溃论'只在你的书中存在。"2012年，美国《外交政策》杂志

2023年11月12日，在鄂托克前旗城川镇章昂希里村的沙地农田，农民采收白玉山药。（新华社发　王正摄）

网站干脆把章家敦再次预言"中国崩溃"与"2012世界末日"共同列入十大最糟糕预测。

分析人士表示，无论是1997年亚洲金融危机还是2008年国际金融危机，亦或新冠疫情严重冲击全球经济期间，中国不仅没有成为"下一个崩溃的经济体"，反而通过稳健的政策、坚实的经济基础，拉动地区和世界经济复苏。

坦桑尼亚知名国际时事评论员塞姆万扎表示，"中国经济韧性强劲让西方怀疑论者无话可说"。亚洲时报网站副主编、克莱尔蒙特研究所研究员戴维·戈德曼也认为，中国经济"即将崩溃"是误导性的。唱衰中国，只会在事实面前反复碰壁。

几十年来，从未真正"算准"中国经济的唱衰抹黑者，一次次突破"下限"，不惜玩数据游戏，或使用可笑论据，只为炮制中国经济又要崩溃的"新料"。

"看不准"为啥还要一味唱衰

不难看出，每次西方唱衰抹黑中国的"高潮"都处于世界经济出现危机、中国经济面临挑战的时刻。西方政客和媒体把中国当成世界经济增长乏力和本国社会经济问题的"背锅侠""替罪羊"。

英国"尖刺在线"网站文章指出，新冠疫情后，随着能源短缺和俄乌冲突，西方国家深陷经济政治泥潭，这些人炒作"中国悲观论"，是想从唱衰中国中得到"些许安慰"。然而给中国经济"吹阴风"并不能解决自身问题。

香港中文大学（深圳）前海国际事务研究院院长、广州粤港澳大湾区研究院理事长郑永年接受记者采访时表示，"中国经济就是在西方各种唱衰声音中崛起的"，而西方之所以这样做，无非是把"内部问题外部化"。

俄罗斯《劳动报》副总编莫罗佐夫表示，西方反复唱衰中国背后隐藏的阴谋显而易见，即国际资本和投资不应该流向中国。不过，这种说辞没有奏效，跨国企业普遍希望继续从不断增长的中国经济中受益。

"看不准"中国经济还源自顽固的冷战思维和意识形态偏见，希望动摇外界对中国经济的信心。当下，部分西方人士和媒体鼓吹"中国经济见顶论"，一边说中国经济不行，一边又说

2024年1月8日拍摄的中哈（连云港）物流合作基地装卸作业区（无人机照片）。
（新华社发　王春摄）

中国对其他国家实施"经济胁迫",充满自相矛盾。

塞姆万扎表示,2018年以来,面对巨大不确定性,中国经济持续向好。西方对于中国在减贫、粮食生产和工业发展等领域取得的成就心知肚明,但选择视而不见,继续用毫无根据的言论攻击中国。

美国知名经济学家杰弗里·萨克斯日前表示,大多数从事中国新闻报道的西方记者并不懂中国经济。某些西方媒体渲染中国将陷入"中等收入陷阱"等说辞,纯属无稽之谈。

英国《金融时报》首席经济评论员马丁·沃尔夫也说,西方国家要修复民主制度和实现自救须向内看,从自身找原因,而不是与中国为敌。

(新华社北京2024年2月21日电 新华社记者宿亮、熊茂伶、赵修知、孙萍)

德国企业为啥不信"去风险"说教

德国梅赛德斯－奔驰集团股份公司董事会主席康林松日前在发布企业季度业绩时表示，欧盟加大任何针对中国的保护主义举措力度，都将对欧洲这样的经济体造成破坏性影响。

康林松的表态代表了德国以及欧洲企业界的广泛心声。从近期德国政府、智库和商会发布的一系列报告和数据看，中德投资合作并未受到外界杂音影响。在美西方政客鼓噪对华"去风险"之际，德国企业继续增加对华投资，持续布局中国市场。中国市场到底有哪些独特吸引力？鼓噪"去风险"为何吃不开？

德企加码投资中国

德国经济研究所近日在其根据德国央行数据撰写的一份报告中指出，2023年德国对华直接投资总额达到创纪录的119亿欧元，比上一年增长4.3%。根据报告，德国企业过去三年对华投资额大致相当于其2015年至2020年的投资额。此外，2023年德国对华投资占德国海外投资总额的比重达到

10.3%，为 2014 年以来最高水平。

德国联邦统计局本月中旬发布的数据也显示，2023 年德中贸易额为 2531 亿欧元，中国连续第八年成为德国第一大贸易伙伴。

德国经济研究所报告的作者约尔根·马蒂斯认为，数据表明，德国大企业仍将中国视为正在增长的庞大市场，并计划把更多业务放在中国，以对冲全球贸易紧张局势加剧带来的风险。

2024 年 1 月 14 日，"BYD EXPLORER NO.1"（比亚迪"开拓者 1 号"）滚装船抵达深圳港小漠国际物流港。1 月 15 日，搭载 5000 多台新能源车的比亚迪"开拓者 1 号"滚装船举行首航仪式，驶往欧洲的符利辛根港和不来梅哈芬港。（新华社发）

中国德国商会今年1月发布了2023/24年度德企商业信心调查报告，共有566家会员企业对调查做出了回应。根据报告，超过九成受访企业计划继续扎根中国市场，过半受访企业计划在今后两年增加在华投资。这份报告认为，中国"对德国经济的意义依然是独一无二的"。中国消费市场规模庞大、供应链基础设施先进，创新能力日益强大，中国持续成为德国企业最重要的市场之一。

中国市场有何独特吸引力

分析人士指出，中德经贸往来热络企业合作增多，是基于产业经验的理性选择。中国目前在新能源汽车、绿色能源

2024年2月23日,萨沙(左)与尤莉亚在家中品尝汤圆。来自德国的奥迪一汽新能源汽车有限公司的工程师萨沙和妻子约翰娜带着女儿尤莉亚在中国庆祝元宵节。(新华社记者颜麟蕴摄)

等方面展现出的创新领导力正逐步增强,同时德国在汽车、化工等传统工业仍具优势,双方合作有利于共同提高产业能力。

大众汽车与小鹏汽车共同开发新款电动车,宝马第六代动力电池项目在沈阳全面动工,西门子投资加码成都智造基地……这些都是德企看好中国未来竞争力的鲜活例证。

2023年,德国大众集团将德国总部以外最大的研发中心落户合肥。大众汽车集团(中国)董事长兼首席执行官贝瑞德表示,大众正在全面融入中国的产业生态。在充满活力的市场环境中,高速发展是保持竞争力的关键。

同济大学德国研究中心教授伍慧萍认为,中国市场在德企眼中具有其他市场难觅的吸引力。她指出,乌克兰危机升级后，德国企业经营成本明显上升，面临能源价格波动、劳动力市场技术工人短缺等诸多问题，投资德国本土的吸引力受到削弱。相较之下，中国生产要素齐全、供应链完整、有产业经验的劳动力人口充裕，这些因素为不少德企所青睐。

鼓噪"去风险"为何吃不开

分析人士指出，市场经济条件下，只要做生意就一定会面对和承担风险，即经济活动中的不确定性。"去风险"这个概念本质上是反市场经济的。诸多数据与实例表明，德企正积极拥抱中国市场，"用脚投票"证明"去风险""脱钩断链"不得人心。

2024年2月1日，满载来自哈萨克斯坦1740吨菜籽油原油的X8010次中欧班列抵达西安国际港站。（新华社记者李一博摄）

德国工商大会此前发布的德国海外商会联盟全球商业期望报告认为,"去风险"会给德国海外企业造成巨大负担,近一半的企业难以找到合适的供应商或商业伙伴。

德意志联邦银行多名专家日前撰文表示,从长远看,离开中国将给德国企业带来显著商业和经济成本。德国企业将错失中国这个"主要销售市场",许多供应链只能以牺牲效率为代价进行重组。

德国联邦经济发展和对外贸易协会主席米夏埃尔·舒曼表示,眼下不少西方媒体热衷渲染意识形态和地缘政治对抗,警示投资风险。他建议企业去中国实地考察感受,多与当地人对话,会得出不同的感受与结论。

分析人士指出,所谓"去风险",本质上是把经贸问题政治化、意识形态化,不仅冲击多边贸易体制的权威性有效性,也违背经济规律,最终将阻碍世界经济复苏进程。试图通过贸易壁垒来降低政治风险,本身就是一种风险。

(新华社北京2024年2月24日电　新华社记者张远)

WTO 服务贸易国内规制生效意义几何

世界贸易组织（WTO）日前宣布，WTO 服务贸易国内规制谈判已经完成，参加方相关承诺已经成为 WTO 约束性承诺的一部分。这是世贸组织成立以来首个成功完成并在法律上生效的诸边谈判成果，也是 25 年来在服务贸易方面取得的首个谈判成果。

这一结果由 WTO 服务贸易国内规制诸边谈判协调方哥斯达黎加贸易部长曼努埃尔·托瓦尔在于阿联酋阿布扎比召开的世贸组织第 13 届部长级会议期间宣布。

大幅度节约国际服务贸易成本

世贸组织服务贸易国内规制相关规则旨在优化成员服务业领域许可审批流程，降低企业经营成本，改善全球服务贸易营商环境。

服务贸易是国际贸易的重要组成部分。近 10 年来，全球服务贸易平均增速高于货物贸易增速。世贸组织预测，2040

2024年2月26日，在阿联酋首都阿布扎比，阿联酋外贸国务部长、世贸组织第13届部长级会议主席萨尼·泽尤迪在世界贸易组织第13届部长级会议开幕式上致辞。（新华社发　世界贸易组织供图）

年服务贸易在国际贸易中的占比将由目前的22%提升至33%以上。但国际服务贸易的交易成本是传统货物贸易成本的两倍，其中成员内部规制因素带来的成本约占40%。

在世贸组织第13届部长级会议上，欧盟委员会执行副主席东布罗夫斯基表示，服务贸易国内规制所针对的国内批准和资质要求等程序是企业界认为在外国服务贸易市场上的"最大障碍"，如不解决将使相关成员的市场准入承诺形同虚设。

WTO总干事伊维拉在会上表示，WTO相关研究表明，服务贸易国内规制生效后每年可帮助节约贸易成本1250亿美元。其中，低收入国家的贸易成本有望减少 10%，中等收入国家将节约 14% 的成本。

重振 WTO 谈判功能意义重大

服务贸易国内规制是世贸组织以诸边谈判方式取得重大突破的议题。相关谈判达成协议，有助于重振世贸组织谈判功能，为世贸组织未来其他议题谈判路径提供重要借鉴。

在世贸组织"协商一致"的原则下，让 160 多个成员就一项多边贸易谈判达成一致难度极大。

图为 2024 年 2 月 25 日在阿联酋阿布扎比拍摄的世贸组织第十二届"中国项目"圆桌会高层论坛现场。（新华社发　世界贸易组织供图）

复旦大学法学院教授龚柏华指出,随着WTO成员数量逐渐增加、谈判议题不断扩充、逆全球化思潮兴起、WTO关键成员美国的态度变化等原因,WTO各成员已经难以寻找利益共同点,WTO推进新的多边贸易规则谈判的功能不断萎缩。

龚柏华认为,"协商一致"制定多边贸易协定是WTO多边贸易体制的终极目标,仍然需要维护和追求,但目前要快速实现这一目标已经遇到严重瓶颈。在"协商一致"的框架下,有选择地采用开放式诸边谈判途径迂回实现多边主义,不失为推动WTO前行的妥协次优方案。

简而言之,诸边谈判是指部分成员之间展开的谈判,其成果可以按照"最惠国待遇"原则(MFN)受惠于全体成员(包括未参加的成员),也可以只对参与的成员适用。多边谈判是所有成员参加的谈判,其成果对所有成员适用。由部分世贸组织成员发起的诸边谈判,在获得所有成员批准后,可以最终转变为多边谈判成果。

世贸组织副总干事张向晨表示,在原有多边贸易规则之外,一些世贸组织成员正在进行新的探索。中国积极参与电子商务、投资便利化等诸边协定的谈判,在投资便利化方面,中国发挥了牵头作用。

服务贸易国内规制结出硕果,对由中国积极推动、正进入冲刺阶段的《促进发展的投资便利化协定》谈判早日取得成果将起到积极推动作用。该议题于2017年由中国等发展中成

图为2024年2月25日在阿联酋阿布扎比拍摄的世贸组织第十二届"中国项目"圆桌会高层论坛现场。（新华社发 世界贸易组织供图）

员以"联合声明倡议"方式发起，2023年7月结束文本谈判。协定达成后将成为全球首个多边投资协定，参加方数量有望超过全体世贸成员的四分之三，在世贸组织规则制定上具有重大意义。

中国是推动谈判的重要力量

世贸组织"服务贸易国内规制联合声明倡议"谈判于2017年12月在阿根廷布宜诺斯艾利斯举行的世贸组织第11届部长级会议上启动。2022年，中国、美国、欧盟等世贸组织主要谈判参加方正式启动《服务贸易国内规制参考文件》在世贸组织的生效程序。

在谈判过程中，中方会同各方积极推动谈判进程，在必要情况下显示灵活性，以寻求共识。比如，最后冲刺阶段，中方及时提交了两份关于具体承诺减让表的草案文件，为完成谈判作出积极贡献。

截至目前，已经有72个世贸组织成员加入了服务贸易国

2024年1月28日，在位于美国华盛顿的中国驻美国大使馆，青年学生在中美青年新春联欢活动上体验画脸谱。（新华社记者刘杰摄）

内规制联合声明倡议,包括中国、美国、欧盟等,其服务贸易规模占世界服务贸易总额的90%。

中国是全球服务贸易第二大市场,中国服务贸易蓬勃发展并惠及他国。相关谈判成果对中国服务贸易发展也将发挥积极作用。中国商务部相关负责人表示,参考文件生效将有助于中国企业更加便利地在境外设立商业实体、取得经营许可和相关资质,并通过跨境方式提供服务。此外,还有助于降低中国企业进入国际市场的成本,为中国服务贸易高质量发展提供规则保障。

中美积极参与并促成规制生效

作为全球服务贸易大国,中国和美国积极参与谈判并促成服务贸易国内规制生效受到肯定。这表明在WTO这一多边框架下,主要成员只要坐下来谈,在很多议题上可以找到共同利益并达成共赢成果。

在WTO诸边谈判上,中美有一些合作案例。2021年12月,67个成员共同发表《关于完成服务贸易国内规制谈判的宣言》,确认服务贸易国内规制联合声明倡议谈判顺利完成,中国和美国均在其中。此外,中国和美国均是"世贸组织电子商务部长联合声明倡议"参与方。

日内瓦智库"多边主义之友小组"创始人兼总裁卢先堃认为,中美在一些具体的诸边谈判议题或部分内容上,立场并非一致，有时甚至存在巨大分歧。但中美对待诸边谈判的总体态度是一致的，都支持通过开放的诸边谈判来推动WTO规制制定，提高WTO谈判机制运作效能。

中美还参加了对方发起或积极推动的诸边谈判。例如，美国参加了中国发起的"塑料污染与环境可持续塑料贸易非正式对话"（IDP）诸边谈判，中国也参加了美国启动的争端解决机制改革非正式磋商。

卢先堃说，中美之间的这种合作值得肯定和鼓励，有助于双方通过WTO多边机制来缓解双边经贸关系中的一些分歧，通过多边规则制定来消除贸易摩擦。

（新华社日内瓦2024年3月2日电　新华社记者陈斌杰）

中国科技创新力何以闪耀世界

近期,中国创新元素闪耀两大国际展会。在西班牙巴塞罗那举行的全球技术"盛宴"世界移动通信大会上,中国企业在 5G-A、人工智能等领域发布创新产品。在已有百年历史的日内瓦国际车展上,中国车企展现出"绝对一流、前沿的科技实力"。

5G-A 商用元年,中国企业成为中坚力量;新能源时代,中国品牌影响力日益扩大。在数字技术、新能源等全球竞争的重要赛道上,中国的创新力成为新兴产业孵化器、传统产业升级推进器,为经济持续健康发展注入新动能。

"我观察到中国企业正在走入舞台中央。"中欧数字协会主席路易吉·甘巴尔代拉说,没有中国企业的积极参与,世界移动通信大会就无法真正体现其全球本质。正如他所言,中国企业已成为全球不容忽视的重要力量。实际上,不仅是近期的两大国际展会,从柏林国际消费电子展到德国纽伦堡国际发明展,再到日本国际机器人展,近几年的国际行业展会上,中国企业踊跃参展,发布的前沿技术产品持续"吸睛"。中

图为 2024 年 2 月 28 日在瑞士日内瓦举行的 2024 年日内瓦国际车展上拍摄的比亚迪展台。（新华社记者孟鼎博摄）

国积聚的创新势能、科技创新结出的累累硕果，让世界眼前一亮。

国际展会的中国高光时刻，离不开中国对创新力的长期培育。中国新能源汽车产销量占全球比重超过 60%。中国稳居世界第二大研发投入国，高新技术企业约 40 万家。2023 年，中国在世界知识产权组织发布的全球创新指数中排名第 12 位，拥有的全球百强科技创新集群数量跃居世界第一。科技引领新兴产业发展，也助推传统产业升级。在人工智能、大数据、区块链、量子通信等新兴技术加快应用的同时，5G

在工业领域的应用占比超过60%。传统产业与前沿科技深度融合，数字产业化和产业数字化互相促进，中国创新能力与日俱增。日本《日经亚洲》网站评论说，那些对中国经济持悲观看法的人忽视了中国大力培育的创新能力，中国持续增加对产品和技术创新的投入，有助于提高生产率，实现长期、可持续的经济增长。

创新力的提升源于供给能力、需求潜力和要素禀赋的加持。从供给能力看，中国工业门类齐全，产业配套能力强。从需求潜力看，中国是全球第二大消费市场，中等收入群体

2024年2月28日，在西班牙巴塞罗那举行的2024年世界移动通信大会上，人们在华为展台关注5G-A技术。（新华社记者高静摄）

规模庞大，消费结构也在迭代升级，绿色低碳转型深入发展，孕育着广阔创新空间。供给侧创新激发新需求，由此形成推陈出新的正向循环，持续增强新动能。《哈佛商业评论》报道称，科技产品在日常生活中的高度融入为中国赢得创新优势提供强大动力。从要素禀赋看，中国人才资源总量、科技人力资源、研发人员总量均居全球首位，"人口红利"正加快向"人才红利"转化；数字经济时代，数据成为关键生产要素，拥有世界第二大"数据富矿"的中国，应用场景丰富，在发展数字经济方面拥有得天独厚的条件和基础。

创新不是无本之木，根植于鼓励创新的制度、崇尚创新的文化和孕育创新的土壤。中国把科技创新摆在国家发展全局的核心位置，把创新作为引领发展的第一动力，对科技事业进行了全局性、长远性战略谋划。中国政府在优化创新环境、集聚创新资源上不懈努力，不断提升政策对创新的适配性，同时更加重视通过金融、税收和财政等市场化政策工具营造鼓励创新的市场环境。政府的自上而下与企业的自下而上相贯通，全社会的创新活力奔涌。德国贝塔斯曼基金会近期调查报告显示，中国的高质量专利数量体现出在"绿色科技"领域取得的巨大进展。德国之声援引德国《商报》的报道说，中国在专利数量上的突飞猛进得益于中国长期的产业和科研战略。

中国的创新要素资源丰沛，政府正在以全球视野谋划促进科技创新，推动数字转型和绿色发展，由技术革命性突破、生产要素创新性配置、产业深度转型升级催生的新质生产力，日益成为中国经济高质量发展的新动能。中国技术、中国品牌在国际舞台上的成功，是中国企业奋斗的成果，更是中国经济创新驱动和高质量发展沃土滋养的花朵。将其置于中国整个产业发展逻辑、政治经济体制和国际创新竞争的大背景下，便会深刻理解中国创新力源头之所在。

"惟进取也，故日新。"创新是经济的活水，今天的中国，处处可以感受到"日新"的气息。"新"潮澎湃的中国不仅经济展现出创新发展的良好势头，也通过不断拓展国际科技创新合作的领域和空间，和世界一起书写未来。

（新华社北京 2024 年 3 月 5 日电　新华社记者樊宇）

什么是中国经济的真实叙事
——访英国伦敦经济与商业政策署前署长罗思义

近段时间,西方媒体上有些唱衰中国经济的声音。散布此类论调有何动机?如何从国际视野看待中国经济?记者就此采访了英国伦敦经济与商业政策署前署长罗思义。他认为,部分西方政客和媒体炒作"中国经济存在严重危机,美国经济表现非常好",此类说法"与事实完全不符"。在这位英国经济学家看来,中国经济增速远快于美国等西方经济体,中国的"共赢"实践让世界上绝大多数国家受益,这才是中国经济的真实叙事。

"数字骗不了人"

罗思义说,部分西方媒体和政客不愿面对"中国经济增长比美国和欧洲强劲得多"的事实,制造了许多虚假新闻和自相矛盾的叙事,比如时而称中国"非常虚弱",时而称中国"非常危险"。在他看来,这种虚假叙事很容易被证伪,"数字骗不了人"。以 2023 年为例，美国经济增长 2.5%，中国经济增长 5.2%，中国经济增速是美国的两倍多。据罗思义计算，过去 4 年，中国经济增长超过 20%，美国经济增长约 8%，欧元区增长只有约 3%。

罗思义认为，中国正稳步向前发展。按照当前经济发展趋势预测，中国和其他主要发展中国家经济体量超越美国将是这一趋势的"连带结果"，虽然中国的目标并非赶超美国，而是让人民拥有尽可能高的生活水平。

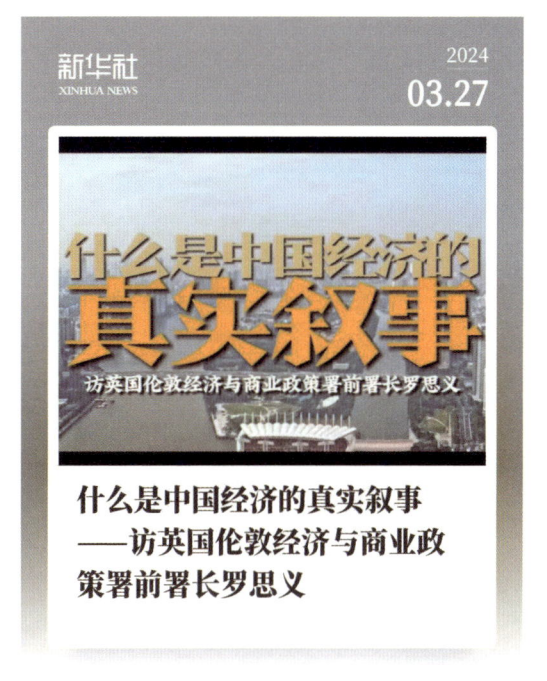

他认为，西方媒体唱衰中国是在"刻意制造叙事"。完全相同的虚假声明出现在同一天的许多报纸上并非偶然。有研究表明，美国每年花费数十亿美元来影响所谓"私有媒体"，制造虚假叙事；这么做的深层心理是，西方人无法想象除了欧洲人后裔之外的任何其他人会是最成功的，包括中国人。罗思义说，他不担心美西方唱衰论调对中国经济的影响，因为中

图为 2024 年 1 月 1 日在海南自贸港重点园区——洋浦经济开发区拍摄的洋浦国际集装箱码头（无人机照片）。（新华社记者蒲晓旭摄）

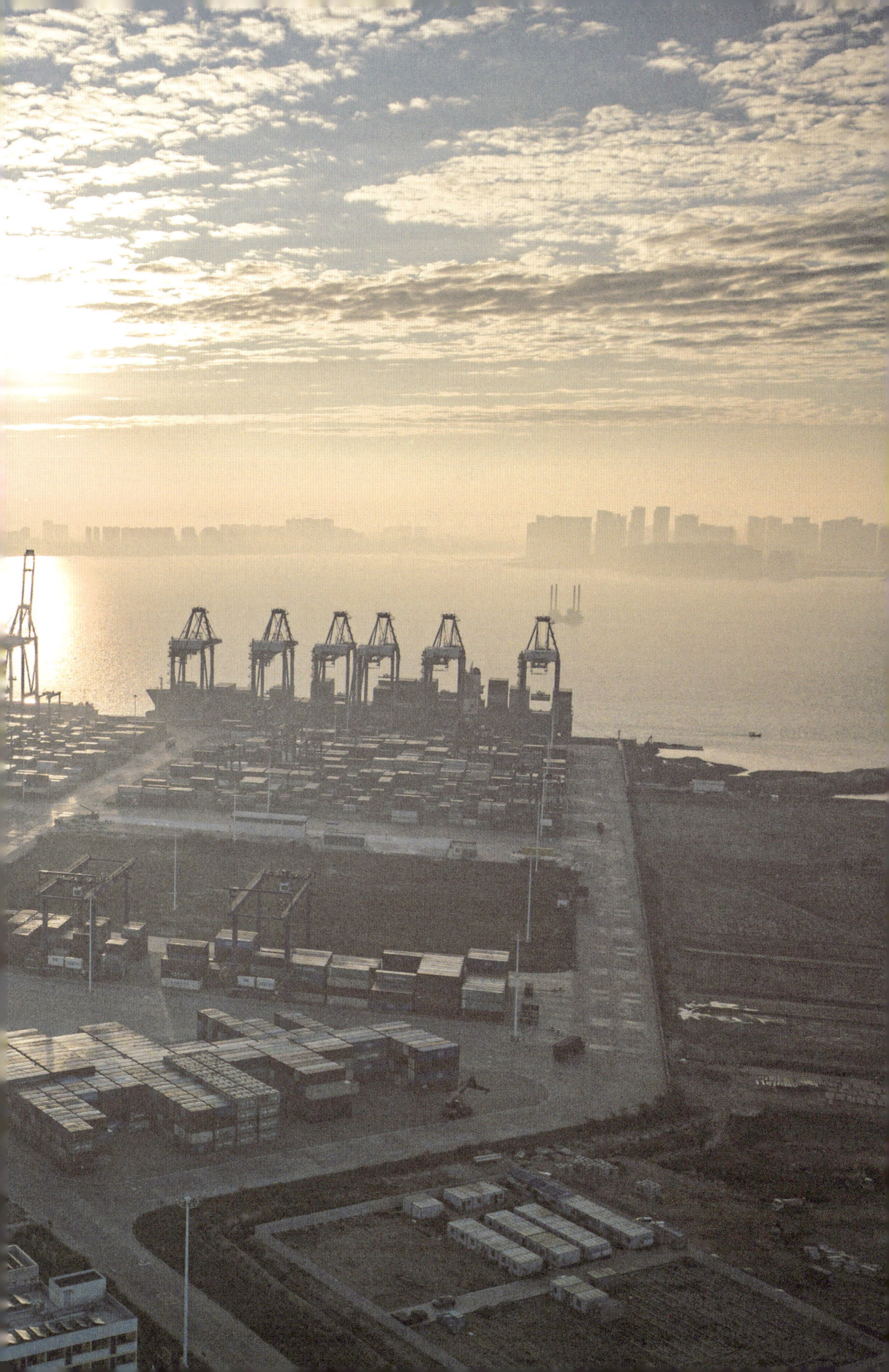

国经济的未来取决于中国的决策。危险在于，如果美国执迷于自己制造的叙事，可能导致自己的不理智。

制度是"最根本的优势"

对于中国经济当前面临的挑战，罗思义认为，中国从中低附加值产业向高附加值产业转型，遇到问题是自然而然的。罗思义表示，当前，西方散布一些关于"中国投资效率低下"的假新闻，但从统计数据来看情况绝非如此。在世界前二十大经济体中，中国通过投资促进经济增长的效率排名前列。

罗思义说，制度优势是中国经济最根本的优势。中国能通过调控国有部门投资来调节宏观经济运行，还有发展潜力巨大的民营经济，"可以两条腿走路"。罗思义说，"中国是整个人类历史上经济增长速度最快的大国"，从新中国成立时的一穷二白到全面建成小康社会，只用了70多年，并正迈向高收入经济体。如果出生在新中国成立前，中国人有机会在一个寿命周期中，经历从出生在世界上最贫穷的国家之一，到有生之年生活在高收入经济体中。"在如此庞大的经济体中，从来没有这样的事情发生过，这就是中国制度优势所在。"

罗思义表示，他长期看好中国经济，是因为"中国能够结合具体国情运用经济学一般规律"。他认为，中国的智慧之处在于没有机械照搬其他国家经验。

他说："很多年前，身边人在疑惑我为什么对中国如此感兴趣，我回答说，因为中国正确的经济政策会让其走上成功之路，如果不相信，可以在10年或20年后再讨论。而现在，已经没人问我这种问题。"

"双赢"不是空谈

罗思义认为，美国给自己设定了"经济永远保持世界第一"的目标，而面对自身经济增速长期放缓，美国试图通过"减缓中国经济增长、阻止中国人民提高生活水平"来实现目标，这是不可接受的。

罗思义说，美国"迫使理性的经济活动服从于'维持头号经济强国'的目标，不惜损害盟友等其他国家的经济利益"。美国迫使英国禁用华为，导致英国延迟部署5G、成本

图为2024年1月26日在老挝万象中老铁路万象站拍摄的"澜沧号"乘务组。（新华社发　杨永全摄）

更加高昂，这对英国经济非常不利。美国此类"双输"操弄给世界经济制造威胁。

在罗思义看来，美国正在失去"控制世界和迫使其他国家牺牲本国利益的能力"，绝大多数国家不会屈从美国。"它们不是在支持中国或支持美国，而是在支持自己，目标是壮大自身。正因如此，它们不愿意为了美国利益牺牲本国利益。"中国作为主要经济体，在与其他国家的贸易中实现双赢，增强了这些国家追求自主的能力，让美国更难对世界发号施令，这就是为什么中国经济的成功被美国视为威胁。

罗思义说，世界各国"与中国做朋友，不是为了反对美国，而是为了发展自己的国家"。在经济学中，"双赢"不是空谈，中国在实现自身发展的同时助力其他国家发展就体现了这一点，这就是为什么许多国家参与共建"一带一路"或申请加入金砖合作机制。以共建"一带一路"为例，世界上超过70%的国家已经参与这一倡议，纵使美国抹黑唱衰，也改变不了许多国家将中国视作更重要市场的事实。

他说，2008年国际金融危机以来，西方经济体的增长率从未真正复苏，中国经济快速增长一直是世界经济发展最重要的因素。"中国持续保持高速发展，对中国人民很重要，对世界各国同样重要。"

（新华社北京2024年3月12日电　新华社记者高文成）

黄金与比特币价格大幅波动为哪般?

近期黄金和比特币价格大幅波动，国际金价已突破每盎司2100美元关口，比特币一度站上7.3万美元高位。分析认为，避险需求以及投资投机需求、美联储货币政策预期、供需关系变化等综合性因素是导致此轮价格大幅上涨的主要原因。

比特币自去年四季度以来价格不断攀升，今年已累计上涨约60%，近期更多次上演大起大落行情。3月，纽约市场黄金期货一度站上每盎司2200美元上方，本月已经上涨超过5%。

避险需求多，美信用受损

黄金作为传统避险资产，价格上涨首先体现了市场出于多重考虑避险情绪上升。从乌克兰危机升级，再到巴以爆发新一轮冲突、红海危机持续加剧，近年来多国央行持续增持黄金，黄金价格进入了一轮持续上升的行情。

理论上，美债也被认为是"安全资产"，但今年初美国联邦政府债务规模已超过34万亿美元。达拉斯联邦储备银行前行长理查德·费舍尔此前表示，如果美国政府继续借更多钱，债券市场供应过剩最终将推高国债收益率。这将造成债务上升和利息成本上升的恶性循环，美国政府必须拿出更多的钱来偿还债务。

美国银行策略师近日表示，美国债务膨胀的步伐持续加快，预计从 34 万亿美元升至 35 万亿美元将不到百日，这有助于解释为何黄金和比特币等资产的价格接近或超过历史高点。

美国经济学家戴维·戈德曼日前在媒体文章中表示，外国央行持有 3.4 万亿美元的美国国债，外国人持有的美国国债

图为 2020 年 3 月 23 日在美国华盛顿拍摄的美元纸币。（新华社记者刘杰摄）

2024年3月6日,在加沙地带南部城市汗尤尼斯,人们经过建筑废墟。(新华社发　里泽克·阿卜杜勒贾瓦德摄)

总计超过8万亿美元。没收俄罗斯外汇储备之举促使许多外国投资者——无论是官方投资者还是私人投资者转向黄金。

乌克兰危机升级以来,美国冻结俄罗斯中央银行在美资产,禁止美国人与俄央行、俄联邦国家财富基金和俄财政部进行交易。这意味着俄央行在美境内的资产或由美国人控制的资产被冻结。2022年2月,美国宣布冻结阿富汗中央银行数十亿美元外汇储备,据原阿富汗央行行长阿杰马勒·艾哈迈迪早前在社交媒体推特上透露，阿富汗央行持有约90亿美元外汇储备，其中约70亿美元存在美国的银行。分析人士认为，多国央行开始大举购入黄金一定程度上是为了在某些情况下避免遭受类似损失。

美当局背书，比特币"飞升"

比特币价格近期暴涨，除了传统投资市场无法满足投资或投机需求这一原因之外，更受益于美国监管当局历史性放松对比特币监管，这导致大量美元资金流入比特币现货交易所交易基金（ETF）市场。虽然近期比特币价格有所回调，但3月18日比特币单枚价格仍在6.8万美元以上，处于近年来高位。

美国证券交易委员会（SEC）今年1月批准比特币现货ETF，授权多家公司申请的比特币现货ETF获准交易。这意味着机构和散户投资者在不直接持有比特币的情况下，能够通过传统股票账户投资比特币。

虽然SEC主席加里·根斯勒在声明中说，委员会批准了一些比特币现货ETF股票的上市和交易，但并不代表批准或支持比特币。投资者应该对与比特币和加密货币相关的产品的风险保持谨慎。

然而这依然使投资特别是投机需求受到刺激，其中不乏国际游资炒作。自比特币现货ETF在美获批后，加密市场开

2024年1月31日，交易员在美国纽约证券交易所交易大厅工作。（新华社发 郭克摄）

始期待其他虚拟货币现货 ETF 申请的前景。近期不仅是比特币，虚拟货币市场均迎来一波大涨行情。

长期以来，以比特币、以太币和瑞波币为代表的虚拟货币并没有主权信用背书，而是通过算法生成的。因此，虚拟货币能否称为货币，在业内存在较大争议。但美国监管当局的政策变化，在市场看来相当于为虚拟货币背书，其可投资性得到更大程度的市场认可。

专家表示，可以将比特币现货 ETF 的影响与黄金 ETF

类比。自黄金ETF推出以来，黄金市场经历了较长时期的利好，出现了显著价格上涨。比特币现货ETF也可能出现类似轨迹。

美联储转向，供需再平衡

无论是黄金还是比特币近期的价格上涨一定程度上反映出市场对于美元供应预期的变化，以美元计价的资产与美元天然具有负相关性，因此美联储的货币政策预期一定程度上会影响黄金和比特币价格变化。另外，这两种投资标的自身的供需关系近期也存在一定变数，有消息表明其供应会相对收缩，也在一定程度上推涨价格预期。

市场分析人士认为，黄金看涨势头源于市场对美联储6月开始降息的预期。随着美国通胀压力开始下降，美联储加息周期行将结束，宽松预期持续释放，这将导致市场利率走低、美元下跌，将为以美元计价的其他资产带来价格上升空间。

此外，实际生产层面的供需关系变化也对市场价格产生影响。在黄金方面，据《日本经济新闻》近日报道，由于矿脉资源逐渐枯竭，叠加全球人工费用上涨，黄金的生产成本达到历史最高水平，这导致不少人认为，陷入亏本的矿山迟早要停止开采。在全球经济动荡的背景下，作为避险资产的黄金仍将维持在高价区间，并且仍有进一步上涨的可能性。

在比特币方面，据媒体报道，今年4月将迎来四年一次

图为2022年4月20日在美国华盛顿拍摄的美联储大楼。（新华社记者刘杰摄）

的"减半"。比特币是通过所谓的"挖矿"过程生成的，受算法设计限制，大约每四年其新生成代币数量会"减半"。这种内在的通缩特性造成了其天然稀缺性，也为市场创造了上涨预期。但由于比特币缺乏内在价值支撑，在高位波动之下不乏游资获利了结，据说已有不少参与者遭遇"爆仓"。

（新华社北京2024年3月19日电　新华社记者邓茜）

西方将"新三样"贴上产能过剩标签目的何在

西方某些机构和媒体近期炒作，中国工业制造品，特别是以电动汽车、锂电池、光伏产品为代表的"新三样"，正以"极低价格像潮水般出口"，称"中国产能过剩可能威胁他国

2023年12月3日，中国苏州金龙公司的海格电动巴士停靠在联合国气候变化迪拜大会的摆渡车站点。（新华社记者王东震摄）

产业发展，冲击世界经济"。

在全球市场上，高性价比的中国产品备受青睐，人气颇高，呈现"供销两旺"的景象。兼具科技含量和绿色含量的"新三样"出口表现亮眼，代表着产业发展的新突破。西方鼓吹"中国产能过剩冲击世界"，明显与事实不符，打的是什么算盘？

"产能过剩"真相如何

中国输出的是合乎海外客户之需的先进产能，中国制造非但不过剩，还是紧俏货。

在世界经济复苏乏力、全球贸易整体低迷及外需持续疲弱的大背景下，2023年中国"新三样"合计出口1.06万亿元人民币，增长近30%，在稳步拓展国际市场的同时为中国外贸总体稳定作出突出贡献。

分析人士认为，"新三样"是中国产业政策顺应"应对气候变化"全球共识在制造业领域取得重要突破的结果，达到了降低成本、促进绿色发展的政策目标。相关产业技术突破也是在中国努力应对西方转嫁经济危机或对华制裁的过程中取得的，体现了中国市场规模大、韧性强等优势。

行业人士指出，从长远角度来看，在汽车产业向电动化转型的大趋势下，全球电动汽车需求将持续增长。相关领域即便存在阶段性产能过剩，也是超越国界的行业现象，且会逐

2024年3月6日，在澳大利亚悉尼，参观者与参展商在中国企业天合光能展台洽谈。当日，2024澳大利亚智慧能源展在悉尼国际会展中心开幕。（新华社记者马平摄）

步化解。

《南华早报》日前发表文章说，在对中国的攻击中，美国和欧盟将"产能过剩"定义为超过国内需求的生产能力，这是极其狭隘的定义。如果各国生产仅满足国内市场需求，就不会有跨境贸易。

文章举例说，美国农民生产的五分之一的产品销往中国，英特尔、超威半导体和英伟达大约20%的收入来自中国。德国汽车公司去年生产410万辆汽车，其中310万辆出口海外。

按照这种逻辑，这些西方出口的商品，是否都应归入"产能过剩"范畴？

西方造词居心何在

在抹黑中国方面，西方某些人擅长造新词、带节奏。"中国产能过剩威胁论"炮制出炉背后，无非是遏制中国产业升级发展，以不正当手段维护某些西方国家在全球产业链供应链中的既得利益，其实质是维护垄断地位，保护落后产能。

这不是西方首次以"产能过剩"为由抹黑乃至打压"中国制造"。2012 年，欧盟委员会对中国光伏产品发起反倾销调查。欧盟原计划对中国光伏产品征收 47.6% 的关税。2013 年 7 月，中国与欧盟就光伏贸易争端达成"友好"解决方案。

去年 10 月，欧委会开始对中国电动汽车进行反补贴调查。欧盟将根据调查结果决定是否对中国电动汽车征收惩罚

2022 年 5 月 10 日，人们在美国加利福尼亚州长滩市举行的 2022 年先进清洁运输博览会上参观比亚迪展区。（新华社发　曾慧摄）

性关税。尽管调查仍在进行中，欧盟日前已出台条例，要求海关开始登记自中国进口的电动汽车，登记为期9个月。在欧盟贸易救济调查程序中，海关进口登记措施是日后欧委会决定是否追溯征税的前提条件之一。

除欧盟外，美国也企图设置贸易壁垒阻挠中国电动汽车进入美国市场。美国政府近日发布公告，将对中国制造联网汽车开展"国家安全"风险审查。

美国共和党参议员马尔科·鲁比奥近日提议，将中国汽车进口关税提高2万美元，将关税征收范围扩大到中国汽车制造商在墨西哥等其他国家生产的汽车，以及将美国的电动汽车补贴严格限制在符合北美自由贸易规则的汽车上。

2024年3月12日，工作人员在位于巴西亚马孙州马瑙斯的比亚迪电池工厂生产线上工作。（新华社记者王天聪摄）

"新三样"之外，美方近期又准备将保护主义大棒挥向中国造船业……英国经济学人智库分析师尼克·马罗表示，在西方政客中有一种"日渐增长的情绪"，他们不愿看到自己国家"补贴"中国经济增长。

《南华早报》文章认为，美国和欧盟都是国家补贴的"先锋和巨头"。如果它们践行自己宣扬的"维护基于规则的国际秩序"，就应当通过世贸组织解决与中国的贸易问题，而不是自己当法官。欧美的做法损害了世贸组织的权威和信誉，也让人质疑其指控的可靠性。

"中国制造"何以畅销

"中国制造"畅销世界是市场经济规律发挥效力的结果。中国产品丰富了全球供给，缓解了全球通胀压力，提升了绝大多数国家民众的生活福祉，让绝大多数国家普遍受益，为全球应对气候变化和绿色转型作出巨大贡献。

中国产品在全球广受欢迎，不是依靠所谓的"不公平做法"，而是因为中国产品具有极高的性价比，在激烈的市场竞争中脱颖而出，同时在技术上具有创新性。中国出海的产能主要是先进产能，有利于世界经济和产业活力的提升。

电动汽车供应链企业、比利时材料高科技企业优美科公司首席执行官马蒂亚斯·米德赖希表示，中国电动汽车足够好，能够吸引消费者。而美国政府发布《通胀削减法案》补

2024年1月12日，工人在位于泰国罗勇的长城新能源汽车制造基地生产车间内工作。（新华社记者王腾摄）

贴电动汽车并不能带来真正的好产品，不足以推动美国电动汽车产业发展。

当前，全球通胀压力虽有缓解，但仍对全球经济构成严峻挑战。高性价比的中国商品为平抑全球通胀发挥了重要作用。过去半年多来，中国跨境电商平台希音和 Temu 高居欧美应用程序下载前列。中国完备的产业链和中国跨境电商企业出色的数字化管理能力展现出强大的竞争力，为中国商品赢得众多西方消费者的青睐。

在许多发展中国家，不仅中国产品让消费者受益，中国企业也为当地产业转型作出贡献。泰国工业联合会副主席素拉蓬表示，中国汽车制造商让泰国民众以可接受的价格开上电动车，这是中国车企和品牌在泰国市场获得成功的重要原因。他说，中国车企近年来加速进入泰国市场，促进了泰国汽车产业发展转型，拉动了投资和就业，带动了泰国经济发展。

西方贸易保护主义行径破坏市场公平竞争原则，阻碍市场自由贸易，冲击全球贸易环境，引发广泛担忧。针对欧盟要求海关登记自中国进口的电动汽车，欧盟中国商会日前回应说，对欧方此举表示失望，对欧方未来可能的追溯措施表示担忧。欧盟中国商会认为，欧盟自中国进口电动汽车数量增加反映了欧洲电动汽车市场需求增长，也体现了中国车企仍愿深耕欧洲市场的信心与决心。

分析人士指出，中国对产业合作持开放态度，有关国家也应持开放心态，与中国合作共赢，而不是坚持"你输我赢"，最后反而造成两败俱伤。

（新华社北京 2024 年 3 月 20 日电　新华社记者俞懋峰）

日本结束负利率政策对经济有何影响

日本央行19日决定结束负利率政策，将政策利率从负0.1%提高到0至0.1%范围内，同时决定结束收益率曲线控制政策，并停止购买交易型开放式指数基金和房地产投资信托基金。

分析人士指出，日本央行17年来首次加息，标志着日本维持了约11年的超宽松货币政策开始走向正常化。日本央行为何选择此时结束负利率政策？日本距离稳定实现2%的通胀目标还有多远？政策调整可能对日本经济产生什么影响？

日本央行为何调整政策

为实现通胀目标，日本央行于2013年推出超宽松货币政策。2016年2月，日本央行开始实行负利率政策，并于同年9月开始实行收益率曲线控制政策，即日本央行通过大量购买债券，将10年期国债收益率控制在目标范围。

由于长期执行超宽松货币政策弊端凸显，日本央行行长植田和男去年4月就任以来，一直寻求推动货币政策正常化。由于美联储今年内存在降息可能，"一升一降"叠加将对日本

2024年3月19日,一名行人从日本东京的日本银行总部前走过。(新华社记者张笑宇摄)

经济产生较大冲击,因此日本央行急需调整政策。

此前,日本央行一直将稳定、可持续地达成2%的通胀率作为政策目标,此次决定结束负利率政策,也是基于通胀目标"有望达成"这一判断。目前日本物价持续上涨,1月核心消费价格指数(CPI)连续29个月同比上升,连续22个月达到或超过2%。

不过,植田和男坦言,目前距离实现央行设定的通胀目标仍有距离,结束负利率政策后,日本不会马上进入持续加息阶段。

图为2023年8月16日在日本东京新宿一商场拍摄的货架。（新华社记者张笑宇摄）

走出通缩还有多远

《东京新闻》报道指出，摆脱通缩应意味着物价持续上涨，企业从中受益，工资持续增加，消费明显回暖，物价不再下跌。日本媒体和专家普遍认为，虽然去年以来日本出现了物价持续上涨、名义工资持续增加等情形，但离达成良性循环尚有距离。

厚生劳动省公布的数据显示，2023年，日本劳动者实际工资收入比上年下降2.5%，连续两年下降；截至今年1月，日本实际工资连续22个月同比减少。这表明，工资涨幅追不上物价涨幅的局面仍在持续，个人消费会受到明显抑制。

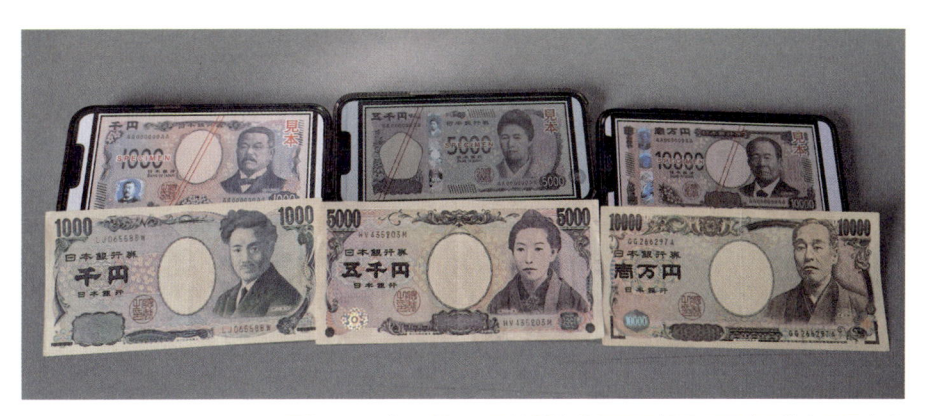

图为 2023 年 4 月 14 日拍摄的现行日元纸币正面（下排）及日本央行官网发布的新版纸币正面示意图。预计新版纸币将于 2024 财年（2024 年 4 月开始）上半年发行使用。（新华社记者张笑宇摄）

内阁府近日公布的最新数据显示，占日本经济比重二分之一以上的个人消费去年第四季度环比下降 0.3%，连续 3 个季度呈现负增长。数据同时显示，去年以来由于人们倾向于购买更廉价的消费品，日本鸡肉销量大增，牛肉销量大降。

经济评论家门仓贵史表示，现阶段谈论摆脱通缩为时尚早。日本国内并没有出现实际工资上涨、消费增加、需求旺盛带动物价上涨的良性循环。如果通胀不是由国内需求旺盛及工资成本增加等因素驱动，日本经济重陷通缩的风险就依然存在。

政策调整有何影响

由于日本央行承诺将继续通过购买国债等手段保持宽松货币环境，金融市场当天对央行政策调整反应冷淡。19 日，东京外汇市场日元汇率显著走软，再度降至约150日元兑换1美元水平；东京股市则继续上涨，日经股指重回40000点上方。

分析人士指出，短期来看，日本央行加息或会令政府、企业及个人债务负担加重，企业破产数量增加。但长期来看，加息有利于增加国民储蓄收益、抑制日元过度贬值造成的财富外流，同时还有利于提升企业效率意识、竞争意识和创新意识，让人力资源更加集中到有竞争力的产业和企业中。

植田和男19日表示，在可预见的未来，日本宽松的金融环境将持续存在，央行结束负利率政策不会导致存款或贷款利率大幅上升。

野村综合研究所经济学家木内登英表示，即使日本央行推进货币政策正常化，利率涨幅也有限，加上日本经济对利率的敏感度已大幅降低，央行此次政策调整不太可能显著改变日本经济目前的状态。

（新华社东京2024年3月20日电　新华社记者刘春燕、钟雅）

德国企业为何如此青睐中国市场

德国经济研究所近日发布的一份报告显示，2023年德国对华投资占德国海外投资总额的比重达到10.3%，为2014年以来最高水平。德国企业仍将中国视为正在增长的庞大市场，并计划将更多业务放在中国。

从近期德国政府、研究机构等发布的报告和数据看，中德经贸合作企稳向好，德企持续对华投资，加速布局中国。德企在华实际感受如何？务实、稳健的德国人为何扎堆深耕中国市场？新华社记者走访享有"德企之乡"美誉的中国江苏省太仓市和德国首都柏林，从德企高管、在华德国创业者口中寻求答案。

落户"德企之乡"，企业发展如何？

克恩－里伯斯、通快、海瑞恩、托克斯……在太仓高新区的南京东路上，不少公交站的名字以德国企业命名。从"克恩－里伯斯站"出发，4公里范围内聚集了40多家外资企业，坐103路公交车，就能把新能源汽车的电驱系统配齐。

"要造一辆汽车，不出太仓就能找到 70% 的零部件。"这样的底气来源于"德国制造"的强大阵容：500 余家德企集聚太仓，其中七成与汽车行业相关。

1993 年，大众汽车供应商之一、全球知名弹簧生产企业克恩－里伯斯公司"试探着"在太仓投资。6 名员工、400 平方米的租赁厂房，在外人看来的"小工坊"，就是克恩－里伯斯在太仓起步的全部家当。此后，克恩－里伯斯 11 次增资太仓，如今拥有自建厂房 7 万平方米，年产值 15 亿元，在其全球版图中占比最大。

克恩－里伯斯的落户是太仓与德企合作的起笔之处，如

图为 2024 年 1 月 22 日在德国贝库姆市伯曼集团总部拍摄的落户太仓第 500 家德企授牌仪式现场。（新华社记者杜哲宇摄）

今太仓已集聚500余家德企扎根发展。"一个人的努力是加法，一个团队的努力是乘法。"这句德国谚语是太仓中德合作30年不断提速的生动注脚：前100家德企落地太仓耗时14年，从第400家到第500家仅历时两年。据统计，超九成早期落户太仓的德企均实现增资扩产。

太仓高新技术产业开发区欧商投资企业协会（太仓欧商会）副主席沈亚说，2001年以后，太仓每隔几天就有德企落地，"抬头总能看见开业剪彩的气球飘向天空，五彩斑斓，如'繁花'盛世。"

作为落户太仓的第八家德企，通快历经20多年发展，厂房面积已扩大至4万平方米，员工逾千人，并在疫情期间创下在华销售历史新高，中国一度成为通快德国本土市场以外最大的海外市场。

德国百年机床巨头巨浪集团2012年在太仓投资，从最早的销售办事处，到如今实现覆盖生产、研发、销售、服务等全面本土化，巨浪中国的业务量提升300%，工厂规模扩大3倍。

巨浪凯龙机床（太仓）有限公司首席技术官维利·里斯特表示，当地提供的多元服务和良好营商环境助力外企在华发展。"我们对在中国经营充满信心。预计2024年业务稳定，希望达到20%至30%的增长。"

扎根中国市场,"做生意"环境怎么样?

当地人有句俗话:"大树底下种好碧螺春。"对于扎根当地的企业而言,太仓是"碧螺春",上海便是那棵"大树"——沿江临沪、交通便利的区位优势是多数德企选择太仓的初衷。

太仓欧商会主席张臻伟说,部分德企认为制造业并不适合布局在大城市,静僻的小城镇更为合适,但物流、市场、基础设施等条件也要跟上,同时具备这两大优势的太仓在长三角城市中脱颖而出。

太仓主城区距离上海市中心仅50公里。同时,太仓是长

2024年3月5日,参观者(左)在德国柏林举行的柏林国际旅游交易会中国展区了解面塑技艺。(新华社记者任鹏飞摄)

江集装箱第一大港，2023年太仓港集装箱吞吐量突破800万标箱、货物吞吐量突破2.7亿吨。

"紧邻上海，港口、机场等基础设施成熟，这里是理想的创业地点。"在华生活十多年的益技欧电子器件（中国）有限公司总经理霍安（外文名安德烈亚斯·霍恩菲舍尔）表示，当地拥有充足的劳动力人才和完善的供应链。此外，太仓舒缓宁静的生活节奏，时常让他想起德国小镇。如今，他已在太仓成家，成为当地的"洋女婿"。

"水质好不好，水里的鱼最清楚。"许多在华德企负责人感叹，区位优势是"招商法宝"，营商环境才是"留人利器"。如今，江苏太仓着力打造"德企之乡"发展之路，也正是加快

2023年10月10日，列车行驶在沪苏通铁路江苏省太仓市境内（无人机照片）。（新华社发 计海新摄）

经济结构转型升级、优化营商环境以及扩大高水平对外开放等举措的缩影，规模庞大的消费市场、先进完善的供应链以及日益强大的创新能力，持续吸引跨国企业扎根中国。

作为第500家落户太仓的德企，伯曼集团首席执行官鲁道夫·豪斯拉登表示，中国市场有很多增长机会，伯曼集团对在太仓、在中国的发展充满期待，希望能在未来10年将中国的业务量翻一番。

"近年来中国高水平对外开放在稳步前行，为深耕中国的跨国企业带来巨大的发展机遇。"进入中国市场已有20余年的德国体育用品制造商阿迪达斯见证了中国营商环境优化与产业结构升级。

阿迪达斯大中华区董事总经理萧家乐表示，中国是全球最大消费市场之一，是包括阿迪达斯在内的跨国公司最为重要的战略市场之一。中国也是全球数字化程度最高的消费市场，在数字零售、供应链等领域，中国都走在全球前列。

坚定"选择中国"，缘何如此青睐中国？

近来，西方政客鼓吹放大中国经济短期波动，渲染所谓"中国经济见顶论"，甚至煽动对华"脱钩断链"。这与跨国企业在华经营活动和实际感受形成巨大"温差"，数据和实例表明，德企正积极拥抱中国市场。

作为在华德企的官方协会，中国德国商会今年1月发布

2023年9月16日拍摄的新亚欧大陆桥东端起点标志（无人机照片）。位于中国江苏省的中哈连云港物流合作基地是"一带一路"倡议首个实体平台项目，于2014年正式启用。（新华社记者殷刚摄）

的2023/24年度德企商业信心调查报告显示，超九成受访德企计划继续扎根中国市场，没有离开中国的计划；过半受访德企计划未来两年内增加对华投资。

无独有偶，德国央行德意志联邦银行多名专家日前撰写文章表示，近年来，许多德国工业企业通过在华生产获得了高销售额和利润，同时对华出口成为这些德企的重要盈利渠道。该文章援引德意志联邦银行一项针对企业的调查表示，德国差不多每两家制造业企业中，就有一家直接或间接从中国获取关键中间产品。

分析人士指出，今天的中国经济拥有融入世界大格局的

2023年4月19日，在德国汉诺威工博会江苏省太仓市展区，工作人员（右）与参观者交谈。（新华社记者任鹏飞摄）

底气，正在全球注视下进行一场从"有没有"到"好不好"、从"体量优势"到"质量优势"的全面系统升级，对外资企业既是挑战，更是机遇。跨国企业纷纷"用脚投票"，事实证明，"脱钩断链"不得人心。

拥有联合国产业分类中全部工业门类、在一些重点领域和关键赛道上形成一批具有全产业链竞争力的优势产业；培育1.2万家专精特新"小巨人"企业，90%以上是国内外知名企业的配套供应商……"中国拥有完整的产业体系、庞大的市场规模等优势，制造业长期向好的基本面稳固。"中国电子信息产业发展研究院院长张立说。

新华社记者采访过程中，不少德企负责人都谈到，今天的中国市场如同"健身房",在华跨国企业实现竞合式发展,不仅促进本土企业飞速发展,也倒逼外资企业加速转型升级,越来越多德企选择将研发总部设在中国,实现本土化发展。

"在中国,阿迪达斯正通过数字技术应用和创造新的机会,实现产品研发升级和供应链提效,沉淀营销创新的中国经验。"萧家乐表示,中国在面料研发、生产工艺、全产业链高效协同等方面均处于世界领先水平。"希望在供应链、数字零售、物流领域的实践为阿迪达斯的全球发展提供经验和示范。"

"脱钩断链是无稽之谈,没有国家可以独善其身。"里斯特说,全球化永远都是进行时。

(新华社南京/柏林2024年3月21日电　新华社记者陈圣炜、郑开君、杜哲宇)

西方炒作"中国产能过剩",用心何在

近日,美西方一些政客和媒体又联手炒作所谓"中国过剩产能冲击世界市场"的论调。

当国内需求被满足后,剩余产品会转向出口市场,这是最简单的经济学原理。200多年前,亚当·斯密就在《国富论》中阐明,国际贸易使各国实现分工合作,从而提高生产效率和经济发展水平。长期以来,先发国家一直在为它们具有比较优势的商品寻找市场,如今中国这么做却成了"冲击世界市场"。这种明显"双标"背后的动机不难理解。中国从最初的代工贸易拓展到高附加值环节,在全球产业链分工中不断向上游迈进,在全球市场形成一定竞争优势,这刺激到美西方的敏感神经。美国财政部副部长尚博随即抛出"中国产能过剩最终将冲击世界市场"论调,美国驻华大使伯恩斯则"担忧":中国大幅提升制造能力,电动汽车等产业会出现"过剩产能","这些产品出口到世界其他国家,将会破坏全球贸易体系"。

其实，伯恩斯真正关心的，并非什么"世界其他国家"或"全球贸易体系"，而是中国产业升级可能打破西方在全球分工体系中的垄断地位。在美西方看来，发达国家位于世界经济体系顶层、产业价值链高端，具有中心垄断地位，边缘国家居于价值链底端，只能提供原材料、低成本劳动力和消费市场。但中国正努力从边缘走向中心，中国制造、中国智造正在从产业价值链的底端向上提升。无论是乱拉"实体清单"，还是"脱钩断链"修筑"小院高墙"，以及滥用"国家安全"无理打压中国高科技公司等等，本质上都是美西方利用霸权扼杀中国优势产业、阻止中国产业跃升，最终目的还是维护美西方在全球经济体系中的垄断地位，以及由此带来的超额收益。

放眼全球，无论是应对气候变化等全球挑战，推动世界各国绿色能源转型，还是在消除贫困，满足广大发展中国家城镇化、工业化需求等方面，中国不断增强的基础建设、工业制造、科技创新能力等都作出了重要贡献。中老铁路、雅万高铁等铁路合作项目开通运营惠及民生，土耳其班德尔马碳化硼生产厂、哈萨克斯坦亚洲钢管公司、科威特阿祖尔炼油厂等务实合作项目填补了当地关键产业空白，中国还在共建"一带一路"国家建设大量太阳能、风能等可再生能源项目，帮助东道国能源供给向高效、清洁、多样化方向加速转型……美西方不愿为后发国家现代化事业提供真诚切实的帮助，却又对中国参与这些国家的发展、实现双赢说三道四，不断翻炒"中国威胁论"来抹黑中国，无非是霸权思维作祟。

相比于美国在全球四处点燃战火，为其"过剩"军事产能寻找财路，中国修路、架桥、以物美价廉商品改善人们生活的产能无疑是一股建设性力量，也为各国经济发展作出了巨大贡献。要是真的关心全人类福祉，发达国家应携手中国投身建设世界的历史潮流，如果做不到，也不要试图"绊倒别人"，让自己跑得更快。

（新华社北京2024年3月25日电　新华社记者高文成）